www.aalmas.eu

Ínfimos

Prosa poética de

António Almas

A noção de pureza está intimamente ligada à noção pecaminosa do mal. É puro todo aquele que não comeu ainda do fruto apodrecido, todo o que não bebeu da água inquinada. Mas, fará sentido então ser puro, conhecendo apenas um único lado do todo?

Ficha técnica

Título: Ínfimos

Autor: António Almas

Edição: Edição Própria de António J. F. Almas

Av. 25 de Abril, 9

7160-221 Vila Viçosa

edicao.propria@gmail.com

Design e Paginação: António Almas

Impressão: Walprint

ISBN: 978-989-96808-7-6

Depósito Legal: 380604/14

Vila Viçosa, 1 de Outubro de 2014

Parte I

Da sensualidade

Experimento o sabor do teu corpo com a ponta dos lábios, deixo-os deslizar por todos os lados, como se fossem pequenas ondas que se deitam na areia nua da tua praia. Percorro os teus glúteos, contornando-os mansamente como quem te sente já quente, como quem espera já descobrir outros detalhes da tua sexualidade. Deixo a língua entalar-se entre eles, seguindo o risco curvilíneo da base do teu troco, deixo que me abras as pernas e entre elas deleito a boca que te devora em pequenos mas suculentos goles das tuas vontades. Escuto a tua respiração ofegante, que em suaves solavancos agita o corpo no balanço delicado do equilíbrio do prazer, que sentes, que sinto. Os teus gemidos são estímulos, vontade de me dar, de te percorrer todos os sentidos. Tu sabes que o prazer não é um monólogo, é um discurso onde os nossos corpos se argumentam numa selvática fome de se possuir, anda, vem procurar o que resta do meu corpo, vem banhar-me com teus fluidos.

A suave nudez da tua pele é bálsamo que impregna o meu desejo. O fogo ardente que vislumbro no teu olhar, aquela vontade de te abraçar, acende-me. Os teus lábios húmidos, são um convite para delírios. A tua boca entreaberta mostra-me a língua desperta que me quer lamber. Toma, toma o meu corpo, apossa-te das minhas vontades e entrega-te em liberdade ao prazer de me fazer sentir cobiçado. Vem, percorre cada reentrância do meu corpo, despe-me, segue-me até ao centro do meu prazer, quero ver-te de mim beber. Como uma vaga, rebentas no meu ventre com teu corpo nu, numa avassaladora intenção de me possuíres. Abre a tua concha, deixa-me em ti entrar, oferece-me teus seios para beijar, enquanto lentamente me absorves no teu âmago quente, húmido.

É no ínfimo detalhe do teu corpo que descubro o sentido do fogo que alimenta as tuas entranhas. No toque ardente dos meus dedos que como chamas marcam a tua essência, sinto o pulsar do teu corpo que dispo lentamente. A minha boca devora a tua em sôfregos beijos de prazer. Deixo a minha língua ao sabor da tua escaldante maré, bebo do doce sabor do teu beijo enquanto minhas mãos se infiltram nos recantos do teu corpo nu. Esta dança descompassada, em que a ânsia da satisfação, é frémito que estremece o coração. Sigo a corrente da tua lava, com os lábios húmidos, descendo pelo teu perfil. Inalo o perfume jasmim da tua pele, de olhos fechados sei de cor o caminho, procuro o teu ventre em ebulição, e no teu umbigo deixo o contorno de um traço feito da minha saliva quente, e sigo...

E no som de um gemido que desperto o fogo que guardas em ti, escuto com luxúria a tua voz, um pedido, um desejo que persigo com todo o afinco. Colo meus lábios aos lábios do teu sexo, e numa branda ondulação estimulo todos os teus sentidos. Tuas mãos enlouquecidas derretem-se nos meus cabelos, e a minha língua penetra-te com a vontade de quem tem sede de te amar, de te tomar, de te fazer minha. Teu corpo agita-se no ar, e a mansa oscilação é agora um frenesim selvagem. Tua voz trémula pede mais e eu devoro o teu corpo como se fosse água viva, sentes-me, sinto-te, bebo o fluxo do teu rio que em minha boca desagua, absorvendo o prazer de te fazer sentir mulher, minha.

Neste jogo somos peças de um puzzle que se encaixam na perfeição dos corpos. Neste silêncio somos melodia de gemidos e murmúrios que ecoa na atmosfera carregada de perfumes e fragrâncias. Sabes o gosto da minha boca, o sabor do meu corpo, a luxúria que me provocas. Sei percorrer-te o êxtase, encontrar na tua pele um novo espaço de prazer. Bebo-te os seios rijos, sugando os mamilos erectos, reflexos dos teus sentidos despertos. Tu, percorres com a língua o meu pescoço, deixando um rio que corre para o teu mar. Perco-me depois no teu ventre onde a suavidade se mescla com a oscilação ondulada do teu fogo, que me pede para mergulhar nos domínios íntimos do teu corpo. Fazes o caminho inverso e procuras com a tua boca o meu epicentro, devorando-me num suave deslizar para dentro dos teus lábios.

Neste balanço os corpos agitam-se, a minha língua penetra o teu corpo húmido, a tua boca suga-me com loucura. Sentes cada detalhe deste momento enquanto sobre mim te perdes, eu devoro o teu corpo, bebo da tua fonte com a sede de quem ama cada contorno teu. No clímax, libertamos os fluidos desta combustão, num rio de lava em plena erupção.

A efervescência dos corpos, leva-nos para lá dos limites da sanidade, da consciência. Esta entrega, em que teu corpo é meu, em que minhas mãos preenchem todos os teus domínios e os teus desejos são ordens que me levam ao limiar do prazer, é o êxtase por te ter. Vontade imensa de teu corpo satisfazer, de tomar-te profundamente, de permear-me na tua pele e fundir o teu corpo na ponta do meu. Sentes a intensidade com que te penetro? A força descontrolada com que invisto em ti? Pedes-me mais, como se desejasses que todo o meu corpo entrasse no teu. Os corpos tornam-se selvagens, num regresso aos primórdios, onde descobrimos o fogo dos antepassados. Soltam-se gemidos e gritos, numa frenética dança perdemos o controlo, deixamo-nos embalar neste declive, nesta explosão os sentidos pedem-nos tudo, queremos o impossível desejamo-nos na profundidade das vontades. Um grito profundo, atravessa o ar como uma espada afiada, no pico deste clímax, libertamos os corpos que se comprimem e se esticam num espasmo de loucura. Solto os meus fluidos no mais profundo espaço do teu corpo nu, as mãos cravada na tua pele, soltam-se como se quisesse cair no abismo do teu útero, seguras-me e os corpos caiem sobre os lençóis molhados do suor do nosso desejo. Instalou-se um silêncio, uma calma que nos afaga as peles despidas.

Reconheço a textura do teu ventre pelo toque ardente das minhas mãos. Contorno o teu umbigo com a ponta húmida do meu dedo, desenho nessa planura os caminhos por onde te levo. Neste silêncio a tua pele expectante, aguarda pelo momento em que a inflame. Sigo o contorno das tuas ancas, deslizando suavemente sobre o centro do teu prazer. Sinto o teu sexo pulsar, na expectativa do desejo de te ter. Os meus dedos, de ti já molhados, circundam-te os detalhes, embrenham-se na tua intimidade húmida, procurando os sentidos que acordam o fogo em ti contido, gemidos libertam-se dos teus lábios quando em ti entro, tomando duma só vez esse castelo secreto onde me acolhes. Desfloro a inocência do amor, provocando em teu corpo o vigor da vontade que tenho de te possuir. Deslizas sobre mim, fazendo-me entrar profundamente em ti, completamos o puzzle com o encaixe perfeito dos nossos elementos de prazer. Num embale suave, os corpos dançam ao ritmo do som que se propaga por dentro de nós, murmuro-te ao ouvido aquilo que sinto, as vontades e fantasias que quero realizar contigo.

Sorris, mas os teus olhos resvalam nas órbitas, anunciando o inicio estonteante da cópula. Nada nos pára, a agitação frenética possui-nos como se fossemos comandados por uma força avassaladora, ao nosso redor tudo se dissolve, e numa entregam total fazemos amor.

no apetite selvagem do teu corpo, que o meu se entrega, vem devora-me, bebe da minha fonte que por ti jorra. Vem, entranha-me, deixa-me escorrer pelos teus meandros num acto de luxúria plena. Vem provar o meu fogo com a tua língua em chamas, evapora o teu suor na minha pele que abrasa a tua. Sente o fulgor que te abraça, o desejo que te consome em movimentos impetuosos, em palavras que gemem a minha voz. Segue-me na oscilação intensa, na fúria com que sinto as tuas entranhas em mim, vem, comprime o teu corpo contra o meu para que possa tocar-te mais além, nesta ânsia de ser teu. No vulgo das palavras, incitas-me, estimulas-me, pedes-me "-Mais!". No balanço do teu corpo sigo-te, levo-te onde nunca vais.

O ar preenche-se de perfumes intensos, cheiros que estimulam os nossos instintos mais primários, nas órbitas os olhos oscilam como se todo o universo andasse à roda, e os corpos enleados restringem-se ao ínfimo espaço, compactam-se, como se quisessem atravessar-se, fundir-se, derramar-se no êxtase da posse. Em momento único um gemido faz-se grito, e tudo o que nos rodeia colapsa num mar de estrelas que os olhos cerrados pelo prazer nos oferecem. Da tensão do instante, advém o último prazer, de em mim te ter.

Encontro no fluxo dos rios que são tuas pernas a confluência do desejo procurado. A vontade de ser de ti um pedaço de mar, na foz dos teus sentidos. Aí mesmo onde me espera a húmida certeza de que a boca do teu corpo me aguarda, abraça-me a intensidade do meu mais proeminente detalhe, que é objecto do teu delírio. Suspendes a respiração, numa vaga incontornável de luxúria, e resvalas sobre mim, deixando que entre no mais profundo do teu âmago. Arrepia-se a pele, neste toque de detalhe, neste entalhe que se encaixa, corpo no corpo. Solta-se a brisa num suspiro profundo, num gemido silente que teu corpo já ardente exala. Os meus lábios alimentam-se do prazer que teus seios me oferecem e no sabor da tua pele nua, sou o perfume que se impregna na saliva molhada dos meus lábios.

Inspiro, deixando que a tua essência também me penetre, até ao sangue que corre veloz pelo corpo solto, como um oceano em tumultuo.

ntre cada gemido do teu prazer, encontro o fogo do meu corpo a arder. Na exuberância da tua beleza sinto o cheiro da paixão, que em gotas de água salgada te escorre pelo corpo nu. Os teus olhos reviram-se como ondas deste mar onde redemoinhos contornam a nossa nudez. Vem, deixa a tua boca devorar o prazer da efervescência da extremidade do meu corpo, prova-me, degusta o sabor agridoce que se junta no fluir das lágrimas que derramo pelos sentidos insanos do prazer que nos oferecemos. Deixa-me escalar as montanhas dos teus seios, sugar cada detalhe desse cume erecto onde me perco. Sôfrego amor este, que devora cada detalhe, cada proeminência, que escorre por cada vale, como rio feito de fluidos espessos. Dá-me a fogosidade do teu delírio como último e derradeiro suspiro, como primeira e única emoção, quando em ti deposito toda a minha paixão. Deixa-me entrar, tomar por completo o teu corpo, num assalto intenso de luxúria, onde cada detalhe nosso é a euforia de um amanhecer de mil estrelas que os corpos vem percorrer num arrepio único de prazer.

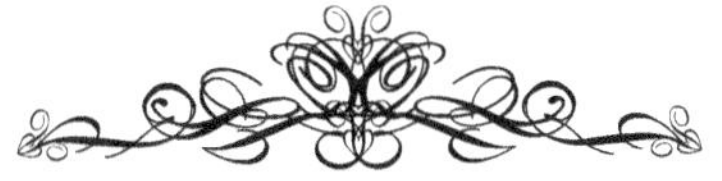

Na tua nudez, sou a sombra que te contorna, o prazer cálido que te amorna e te faz fluir pelo desfiladeiro húmido do teu corpo. Na tua boca entrego o beijo molhado, envolto na língua que te desenha os contornos e te excita os seios erectos pela vontade de ser possuída. Percorro-te, deixando um rasto de saliva no desenho da tua orelha, um sinal, uma mordida, no pescoço nu do teu silêncio. Derramo a minha pele sobre a tua, encaixo-me no teu mais escondido recanto, visito cada concavidade do teu corpo. Agitas-te como as ondas do mar, tentando em ti me guardar, numa tempestade de luxúria, meu corpo em teu mergulha a cada investida do nosso mútuo prazer. Aperto-te entre meus braços, na convulsão de um espasmo que contrai todos os músculos, solto um gemido brando, que vai ganhando voz, e se estende num grito alto de fulgor. Embates contra o meu cais, com o frenesim de quem tem vontade e pede mais, com a força de quem sente, profundamente o calor da minha âncora que dentro de ti se prende. "-Vem! Vem mais!" Peço-te em loucura, que me deixes em ti entrar, ficar, depositar a lava incandescente deste meu mar.

Num momento, num instante, um suspiro, um gemido, um grito de desejo, liberta os corpos da tensão, inundando-os com o fluir dos sentidos. Silêncio, respiração ofegante, ficam em meus braços, sê minha amante.

Hoje vou ser completamente poético, quero fazer poesia com a intimidade do teu corpo, com o centro, o cerne desse todo que me dá vida. Não, não vou ser vulgar, não vou pura e simplesmente invadir-te com o meu corpo, inundar-te com o meu sémen, vou talvez fazer-te um poema de beleza, refazendo toda a beleza desse lugar onde em ti entro, desse portal por onde entregas ao mundo a vida num acto tantas vezes reflectido, na maternidade dum momento em que te divides. Hoje falo-te desse botão de rosa cuja orla são duas pétalas que seguras na ponta dos dedos. Essa beleza rosácea com que me presenteias, não é apenas objecto do meu másculo desejo, mas a porta de um corpo onde tua alma habita. Neste desejo partilhado, contemplo, observo e sinto o prazer por ti emanado, o néctar por ti gerado no êxtase deste orgasmo que preenche a nossa via láctea.

É no ínfimo detalhe do teu corpo que descubro o sentido do fogo que alimenta as tuas entranhas. No toque ardente dos meus dedos que como chamas marcam a tua essência, sinto o pulsar do teu corpo que dispo lentamente. A minha boca devora a tua em sôfregos beijos de prazer. Deixo a minha língua ao sabor da tua escaldante maré, bebo do doce sabor do teu beijo enquanto minhas mãos se infiltram nos recantos do teu corpo nu. Esta dança descompassada, em que a ânsia da satisfação, é frémito que estremece o coração. Sigo a corrente da tua lava, com os lábios húmidos, descendo pelo teu perfil. Inalo o perfume jasmim da tua pele, de olhos fechados sei de cor o caminho, procuro o teu ventre em ebulição, e no teu umbigo deixo o contorno de um traço feito da minha saliva quente, e sigo...

E no som de um gemido que desperto o fogo que guardas em ti, escuto com luxúria a tua voz, um pedido, um desejo que persigo com todo o afinco. Colo meus lábios aos lábios do teu sexo, e numa branda ondulação estimulo todos os teus sentidos. Tuas mãos enlouquecidas derretem-se nos meus cabelos, e a minha língua penetra-te com a vontade de quem tem sede de te amar, de te tomar, de te fazer minha. Teu corpo agita-se no ar, e a mansa oscilação é agora um frenesim selvagem. Tua voz trémula pede mais e eu devoro o teu corpo como se fosse água viva, sentes-me, sinto-te, bebo o fluxo do teu rio que em minha boca desagua, absorvendo o prazer de te fazer sentir mulher, minha.

Sei os lugares do teu corpo, aprendi-os no tacto dos momentos intensos em que te dispo, em que te toco como um piano de teclas macias. Conheço a tua nudez de todos os ângulos, os teus gemidos em todos os tons, a tua boca em todas as dimensões, a tua pele em todas as extensões. Sei dos detalhes do teu prazer, aquele momento intenso onde se soltam os ventos, aquele particular instante em que o meu toque desprende o grito da tua garganta que me acolhe, inteiro, profundamente em ti. Na ponta dos meus sentidos o teu corpo veste-me, abraça-me como se absorvesse os meus líquidos, como se provocasse a fusão, a mistura dos fogos que em nós habitam. Sabes, deduzo o fluxo da tua luxúria e persigo-o até ao extremo do teu corpo, até ao limite das tuas fantasias. Meu corpo, desembainhado, penetra o teu âmago com a intensidade duma tormenta, a cadência do teu balanço, agita todos os átomos do meu, numa profusão de perfumes e odores que cegam e inebriam os sentidos. ÁH!! Como me perco nos meandros suaves das curvas da tua silhueta, como a tua energia flui nas minhas veias e o meu orgasmo preenche o teu êxtase, neste clímax, é a plenitude, o encaixe, que faz dos nossos corpos unos, dos nossos vício cunhos que nos marcam a pele suada e nua.

Decorei o teu fogo com chamas amarelas, da cor dos girassóis em flor. Adornei a tua pele com lágrimas de suor, e a tua boca com a minha língua molhada. Os teus cabelos soprei, para que se agitassem em conjunto com o teu corpo que, no frémito da loucura me embala, como barco em águas turbulentas. Entrega-te, dá-me o teu mundo, para que nas pontas dos dedos te descubra. Dá-me a tua pele húmida, para que no perfume desse desejo te faça meu ensejo e te tome já mulher. Deixa-me penetrar na escuridão da tua luxúria, preencher de vontades o teu sexo, lamber os contornos dos teus seios e deixar um arrepio na tua pele nua. Na sublime entrega dos corpos, exortam-se os prazeres que se imolam em vibrações cósmicas, sentimos o Universo nascer numa explosão orgástica de luxúria, em nós.

No balanço do teu corpo sigo-te, na contra dança que escorre nas linhas ténues do teu perfil. Os corpos colados perseguem o mesmo ritmo, conhecem já o caminho, o próximo passo, não há cansaço, bebemos o vento, no som quente deste bailado. As mãos escondem-se nas roupas leves, desenho os limites da tua pele que se arrepia ao passar dos dedos. Liberto-te o corpo a cada passo, soltando sensualmente cada peça que te cobre, o chão vai ficando marcado de prendas soltas do teu corpo agora descoberto. Segues os meus dedos e deixas-me já em ti erecto, nu, na complexidade deste ritmo que nos enleia em apenas um corpo. Quero-te, desejo ser objecto do teu prazer, em teus braços me perder. Deixa-me amar-te, na arte de percorrer-te os sentidos, de intuir nos teus gemidos as vontades que me queres oferecer. Neste abraço apertado, somos amantes embevecidos de luxúria, neste silêncio feito de dança, neste momento tenso. Vem! Anda!

a ponta da língua derramo a saliva que percorre a tua pele como um regato, meus lábios sugam-te os mamilos e os dentes suavemente mordem-nos. Meus dedos espremem-te os glúteos e marcam-te a pele com o fogo do prazer que me dedicas. Nas palmas das mãos estalam os corpos que de prazer se provocam. Procuro o teu sexo, quero sugar o teu clitóris, mordê-lo como se quisesse devorar-te por inteiro.

Neste instante é teu corpo que geme, que derrama em minhas mãos o teu sémen, que se desfaz em ondas de luxúria e se deleita com o prazer a que te condeno. Depois já dentro do teu útero, sou bicho pontiagudo que te devora na força das estocadas que teu corpo aguenta. E teus seios oscilantes, são delírios para meus olhos que num instante os devoram, e minha boca os engole quase por inteiro.

Silêncios depois do êxtase, calados, corpos suados ficam abandonados à mercê dos sonhos que as palavras despertam, não sei se és tu, não sabes se sou eu, serei qualquer um que te deixe plena de loucura, farta de luxúria, e voltas, e adormeces na cama cheia de gente com quem te acostas nas palavras.

E nos teus olhos que bebo o fogo da tua vontade, é neles que deixo cair o desejo que em cascata se derrama por todo o teu corpo. Agitas-te, numa dança plena de sentidos, como se quisesses segurar a vontade, guardá-la mais um instante antes de me permitires tomá-la, fazê-la minha nas tuas mãos que afagam incessantemente a tua pele, que te despem e te fazem ondular ao sabor dos desejos contidos no fogo perdido do teu olhar. Sabes, quero sentir o calor da tua saliva na minha boca, perceber a força do teu beijo quando a tua língua me penetra os lábios abertos. Quero desbravar todos os teus segredos, como se fossem pequenos medos que guardas para te sentires pura. não te escondas, não deixes que te coartem os sentidos, liberta o fogo numa explosão piroplástica de emoções, quero sentir o tremor dessa terra que é a tua pele, sentir a erupção dos teus fluidos, quero ser inundado pelo maremoto das tuas vontades que em mim desaguam num dedo que me afaga os lábios.

intenso este caminho do fogo, onde queimo os dedos, onde mergulho. É profunda a raiz do prazer, que se crava na tua carne, que te penetra, te preenche as entranhas. As mãos são pegadas baças na superfície ondulada do teu ventre, a boca sopra os gemidos, agita os sentidos ao passar num voo rasante pelo corpo arrepiado de múltiplos prazeres. Tu, seguras nas pontas ardentes dos dedos os teus pequenos lábios, fazes-me perceber a ténue passagem que devo preencher. Duas róseas folhas afastam-se para deixar a descoberto a passagem, sentido erógeno, secreta viagem que quero empreender. Alças a voz, num grito calado, gemido em teu corpo deitado, enquanto eu chego, te invado e encho com o vigor de outro corpo, másculo sustento que por ti adentro. Vai, abraça-o, deixa que resvale por ti, como força que a pressão da vontade atira para a profundidade da tua cavidade. Sente, este fogo premente, vontade que já se sente, mesmo antes de derramar no âmago doce do teu centro, a vontade de te encher, de te inundar com um mar de deleite.

Silêncio, depois de um grito, silêncio, depois de um gemido, silêncio, que em ti estou dentro.

É no vício do teu corpo que me deito, nesse gesto que me envolve, que me excita e acorda. Não encontro limites neste espaço que é teu, não sei onde parar, como seguir se cada gosto é mais quente e ácido que o próximo. Sinto a língua fervente, contorno a tua silhueta atraente como brasa incandescente que em minha pele queima as letras que te descrevem. Vem, solta as amarras, deixa para trás os tabus e experimenta a sensação extrema de te entregares ao abismo das minhas vontades, não, não lutes contra os detalhes, deixa que seja eu a dominar a tua imaginação, deixa ser eu o criador das tuas emoções, o inventor dos teus sentidos, o dono do teu prazer escondido.

uando o perfume do teu corpo envolve os meus sentidos, vibro como corda de guitarra em melodia agitada. Quando a tua boca sufoca os meus desejos, sugando-me as energias, deixando-me suspenso no éter do prazer. Quando a tua pele roça em suaves tangentes a minha, todo o meu ser estremece, todo o meu corpo se humedece. Quando isto acontece, entrego-me por completo aos devaneios da tua arte de amar. Sabes do que gosto, sabes ao que vens, e deixas-te seguir pelos trilhos do meu corpo, pelo infinito dos meus sentidos. O sabor da tua boca molhada pelas fragrâncias salgadas da minha pele despida, são a alquimia perfeita para um êxtase pleno.

Anda, devora-me em pedaços de beijos soltos em acasos pungentes de gritos calados. Come os meus lábios em sôfregos desejos, como se a sede fosse uma gota seca de prazer. Vem, inventa a luxúria na ponta nua do meu falo, grita, geme, na penumbra nua do teu corpo, vulva húmida que o meu abraça. Despe-me com as garras dos teus dedos que em fúria assíncrona se solta sobre a arena mítica do meu ventre, quente é o suspiro, berro desse ente que em ti se prende com o gancho do meu pénis. Ouso beber te o sangue que se dilui na saliva, lábio mordido, segredo escondido, selado no beijo que dentes cerrados cortaram no fio da língua, que como lamina te entra pela boca aberta. Vem-te, derrama sobre mim o teu gozo, o deleite que em teu ventre despeja o delicado néctar do meu fundo, leite que te dá vida, que te inunda as entranhas despidas.

Guardo em segredo os momentos em que sigo os fluidos do teu corpo, a sede que me matas quando sinto teu jorro. Anda, segura-me na ponta do corpo, suspende-me desse eterno momento em que o êxtase é uma inspiração sustida, como se não nos apetecesse respirar mais, até ao próximo fôlego. Geme, solta o ar quente que te sufoca, estremece como se fosses o teu próprio terramoto, só assim poderás agitar o fluxo inconstante da lava que em jactos pulsados em contagens que não esqueces, salta para o abismo, esperando encontrar a tua boca sedenta deste beijo lânguido.

É intenso o sabor dos beijos lambuzados com as línguas abertas às descobertas de novas loucuras, há nesta intensidade muito amor, muita ternura, mas também o corolário da luxúria.

Sabes aquele gosto intenso do teu corpo? Aquele pedaço húmido onde a minha língua pousa para saborear o teu momento de luxúria? Ele é o instante que procuro quando começo a fazer todo o percurso da tua pele. Há no desejo um fogo perene, ardentemente encastrado em cada poro que se arrepia com a vontade de ter, de te dar o mais sublime dos prazeres. Sente como te inundo, como derramo sobre ti todo o meu mundo. Vem, entrega-te de lábios húmidos ao lânguido degustar da minha erecção. Isso! Faz isso, lentamente, como se a eternidade tivesse acabado de chegar, quero sentir-me escorregar para dentro da tua boca. Ouves? Como baixinho a minha garganta vai bramindo, um gemido, um sentido que me leva ao limite do abismo. Seguro-me, aguento o espasmo, quero partilhar contigo o momento exacto em que ambos seremos um só orgasmo.

Amor é o sentido que escorre pelo canto da tua boca, como saliva quente que a vontade ardente te faz perder o controlo. O som ofegante do teu corpo, o buliço com que te agitas quando no meu frenesim te tomo preenche o ar de aromas mornos, de expirações incandescentes que como rios ardentes resvalam pelas peles já molhadas pelo suor desta Noite. Não há barreiras, não existem limites para ver a estrelas aglutinarem-se no hemisfério dos teus olhos cerrados, tudo são luzes que piscam em redor, tudo são sentimentos que ecoam na libido, na alma e no caminho dos nossos dedos enlaçados. Vem, liberta-te da energia, dissolve a minha alegria no orgasmo intenso do teu útero, deixa-me em ti ser fecundo.

33

ejo o teu corpo bambolear-se na minha frente, agitas-te como maré viva, os teus contornos são as ondas onde pouso as mãos, o teu ventre o mar onde deito os teus gemidos, o teu sexo o abraço que acolhe o meu falo. Uma pausa, um instante entre uma oscilação, o fim do curso do teu corpo que vai, espera e volta para me deixar entrar, mais profundamente, numa dança que os corpos ferventes clamam, que as vontades prementes chamam. Derramam-se os fluidos almiscarados sobre mim, como se fossem inundações que tomam lentamente a minha terra seca. Elevam-se as tuas vozes em palavras balbuciadas, que quase não escuto porque me perco no ruído da nossa ondulação. Num último grito, despeja-se toda a tesão, e os corpos distendem cada vulto da sua musculação.

É preciso sentir a arte de amar para conferir plenitude à forma como percorremos o corpo. Não basta encostar os corpos em ritmos sincronizados, é necessário aferir do despertar dos sentidos. Saber como acordar os poros em arrepios de prazer, conhecer do toque dos dedos, os lugares certos onde saborear o sal do suor, o gosto do prazer. Fazer amor é a arte de acordar as sensações, de conter respirações, e exalar erupções. As vozes devem ser a letra desta música feita de respirações intensas, de bocas que se colam e de corpos que se devoram com as extremidades destas vontades que nos trazem acesos. É pena que nem sempre gastemos tempo a descobrir a sensualidade, a cultivar os detalhes que fazem do êxtase não apenas um momento, mas o prolongamento deste puro sentimento que é o amor que fazemos.

ercorro com a língua o contorno inverso do teu lábio, como se fosse capaz de te desenhar por dentro, na intimidade do teu corpo. Sei até onde chegar para te deixar a pele arrepiada, sei como chegar ao húmido recanto do teu eu físico. É por lá que começo a desbravar todo o teu prazer, como quem arrasta ventos em direcção à tempestade que promete ser forte, quando o teu ser já não comporte mais luxúria, impluda de gemidos e gritos, de vontades e alegrias, pelo fogo de nos possuirmos.

Aquele gosto adocicado da tua boca quando a minha entra em colisão com os teus lábios é o gosto que fica dum amor feito à vontade, pelo gosto de aprimorar o prazer.

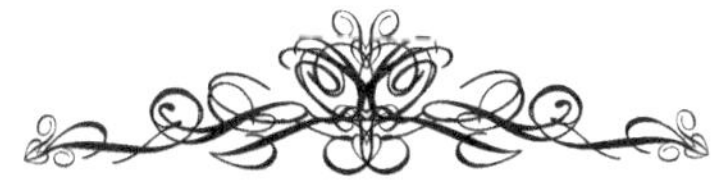

Às vezes gosto de ficar a ver-te, deixar que os meus olhos te acariciem, como se fossem dedos que as tuas mãos seguem pelos pontos erógenos do teu corpo. Percebo fogo que se desprende quando me olhas, tão próximo da tua labareda, tão chegado ao teu vulcão, que quase sem querer o meu corpo se derrete dentro do teu prazer.

Resisto, de olhos fixos no teu momento, quando dos dedos fazes mãos e com o corpo seminu me invades com o teu tesão. Na tua boca mordes os lábios que imaginas serem os meus, e nos teus seios deixas os rastos dos meus dedos que te contornam como se fosses um desenho. Procuras-me entre as tuas pernas, onde o desejo se amontoa, onde tuas mãos incandescentes tentam encontrar-me à toa. Sentes-me, como se a minha língua fosse a última carícia antes dum orgasmo prolongado e libertas-te num gemido surdo, enquanto te olho.

A minha voz branda embala a tua libido numa dança, oscilação premente do teu corpo ardente que contra o meu se esbate em cadências de movimentos lânguidos. Sinto-me resvalar no teu corpo húmido, vejo como reages a cada toque meu, a cada palavra pronunciada num sussurro, sinto teus fluidos abraçarem-me numa inundação de luxúria. Um arrepio na pele marca o delírio com que me recebes. Agora, com a força veloz de quem perde a voz, desmancha as defesas e corre em galopes sobre o meu corpo nu. Na agitação, deixas com a tua ondulação a espuma branca que marca a praia da minha luxúria. Segue, não pares, deixa que me perca dentro de ti, deixa que me esvaia de sentidos nesse lago de lava incandescente que guardas no teu ventre.

É infinitamente grande o milímetro que deixo entre o ar que respiro de ti e o beijo, intenso que me entregas nos próprios lábios, sedentos da maresia do teu sabor. É imensamente distante esse espaço exíguo onde encerramos nos nossos corpos, num ardente abraço estreito que se comprime nos ventres despidos. É intensamente aliciante perder os meus dedos entre os teus cabelos, entre o desejo de tatuar a tua pele e o fogo que carrego, dentro. É, esta junção entre sujeitos e os seus predicados, forma de ser que em uníssono se funde num abraço entre duas metades de um só. Serve-me este aperto entre braços, esta vontade de ser, internamente teu, esta inflexão de formas que se dissolvem no líquido quente, morno que derramo no teu ventre.

Percorro a torrente das tuas mãos, que selvaticamente deslizam em direcção ao extremo arredondado das tuas ancas. Sei por onde vais, onde me levas quando te sigo despido sobre o carmim dos teus lábios. Queres que desvende todos os mistérios, todos os recantos escondidos do teu mundo, onde sou pássaro solto, onde me perco em círculos confusos. Desvario ou paixão, fogo ardente, emoção, todos os sentidos despertos, todos os poros descobertos na lava deste vulcão. Acorda-me, com a ponta dos teus lábios, sopra-me aquela ardente brisa que sufoca a respiração, vem, mata a minha tensão, arrepia o meu corpo leva-me à exaustão, só assim conheceremos os limites, só assim consumiremos o prazer, numa dupla erupção.

trevo-me a desnudar o teu pensamento, por que é nele que residem as tuas controvérsias, é nele que habitam os medos e as prisões que te inibem. Baixo todos os teus braços que como guerreiros defendem a tua libido, não para me impedir de entrar, mas para que as tua fantasias possam ser libertadas no teu corpo. Atrevo-me a ser vulgar, a usar das mãos como palavras, a usar dos dedos como frases inteiras que em gemidos te sussurro, precisas ouvir-me no descalabro dos verbos, nessa forma louca com que conjugo as palavras fazendo abanar as estruturas delicadas do teu corpo. Quero estremecer-te, de dentro para fora, numa arrepio que se faça desprovido de controlo, na essência dessa raça, no pecado intenso que é o jorro de prazer que roça a essência animal do ser.

uero-te no espalhafato total de um corpo que se entrega às chamas com que a pele se veste, quero entregar-te a luxúria numa bandeja de prata nua, onde os contornos são evaporados pelo calor intenso deste éter que atrai a combustão espontânea do sexo, como arte pura de fazer o amor. Quero vestir-me com o suor que transpiras, com a saliva que espalhas em beijos depravados, em abraços descompassados, em grito alterados, quero envolver-me nas formas que assumes, nas sombras, nos teus lumes, que incandescentes me queimam o ventre, me acendem os olhos na escuridão da Noite.

ada me é indiferente, cada detalhe do teu corpo é uma estrela, em redor da qual giram pequenos estímulos, planetas e luas que se agitam ao passar dos meus dedos. Nenhum pormenor é deixado ao acaso quando a minha língua descreve círculos concêntricos no teu ventre. Esta espiral de prazer é uma galáxia plena de momentos, de vontades, que saboreia o sal dum corpo em erupção constante. Apesar da agitação, da respiração descontrolada, tudo neste espaço segue o mesmo ritmo, a mesma toada, como se fôssemos uma dança, como se inventássemos formas diversas de fazer o amor. A maciez deste teu corpo que desliza nas minhas mãos é fruto da vontade de seres amada, da intensidade de seres tomada por avassaladoras ondas de fogo quente, que te preenche o teu húmido ventre.

Quero despertar-te da letargia, que os meus dedos sejam feitos de pura e simples magia. Quero eriçar a tua pele, agitar os teus poros, saborear o mel que se solta do teu corpo. Amar-te é esculpir uma obra de arte, é pintar o céu com frenesim como se tudo em nosso redor crepitasse num fogo suave que nos derrete os sentidos. O meu desejo é conhecer em ti todo e qualquer segredo, descobrir os lugares onde te guardas, libertar as loucuras que escondes nas fantasias a sete chaves fechadas. Quero ser capaz de quebrar os limites que fundem corpo e alma, desejo e luxúria, que fazem deste amor a mais profunda sensação. Percorro o silêncio dos teus gemidos, percebendo as curvas que te contraem, a ondulação cadente com que te entregas nas minhas mãos. Este amor intenso, deixa exaustos os corpos e as almas em pleno voo, rumo à eterna paixão que alimenta o fogo que trazemos no coração.

Persigo o perfume dos teus cabelos longos, eles levam-me por caminhos profanos. Sigo-te no bambolear das tuas coxas, com a hipnótica vontade de te roubar a sombra, de tocar a curva que se pronuncia num corpo esbelto que me extasia. Não és apenas uma deusa viva, mas a musa que visita nas minhas insanas noites de loucura. Vem, deixa-me tocar-te, quero sentir a realidade deste encontro, quero saborear o carmim dos teus lábios e o gosto salgado do teu corpo molhado. Esta Noite será eterna, porque pedirei ao tempo que se suspenda num breve inspirar, enquanto me entrego à arte de te amar. Aguardo pelo despontar da madrugada, saboreando cada detalhe da tua pele, entregando-te o meu corpo, deixando que a fusão seja perfeita. Quando o dia nos encontrar seremos apenas almas saciadas de se amar.

45

ão sabes como gosto de te olhar quando acabas de acordar, naquele suave silêncio, puder ver o brilho do teu rosto, sentir o calor suave da tua pele que desperta todos os sentidos do meu corpo. Não resisto a redesenhar-te, a contornar-te com a ponta dos dedos, como se fosse um lápis novo que nunca ousasse a folha tocar. Aquieto as minhas vontades na floresta densa dos teus cabelos de oiro, onde os perfumes são apelos aos mais ancestrais desejos da minha humanidade. Recebes-me com um sorriso, que de imediato absorvo no beijar doce dos teus lábios de carmim, sinto a envolvência que a tua boca desperta em mim. Acordas-me um beijo molhado, entrançado nos desenhos que fazemos escondidos na intimidade destes devaneios. Encosto-me a ti, preenchendo todo o teu corpo com o meu contorno, num momento de gemidos silêncios em que chocam nossos ventres num só abraço sentido. Instintivamente as tuas pernas envolvem-me e deixo que absorvas o meu corpo no cálido âmago do teu. Momento de êxtase, loucura profusa de um amanhecer, lento e quente.

os cumes do teu corpo derramo o doce morno dum chocolate amargo que rola suave como a maciez dos teus seios. Esta avalanche de prazer é lava incandescente que te faz acender os prazeres mais profanos, este fogo mundano que guardas dentro da pele. Nos teus olhos vislumbro já labaredas, nas tuas mãos sinto já os tórridos trópicos, no teu ventre faço-me lago tépido que inunda o teu umbigo de lânguidos sufocos. E derramo-te no corpo as mãos que canalizam o fluxo do teu rio subcutâneo, ele flui nos mesmo tempos que este fluxo que te lava o corpo e te desce pela volúpia das tuas ancas. Quando estes mares se encontram na cascata pronunciada do teu prazer, com a minha língua venho colher os frutos proibidos destes desejos já esquecidos, escuto já os teus gemidos, recordações antigas por nós já vividas.

s meus olhos perdem-se entre planícies e colinas que são o horizonte do teu corpo, no eco dos meus desejos procuro a carícia que persiga a vontade dos teus fogos que consomem a savana virgem do teu ventre. Lá ao fundo por entre as concavidades dos teus seios, perfilo a convexidade das minhas mãos que se enquadram na tangente do toque leve dos beijos. Entre os dedos prendo os teus mamilo, erectos, que descobrem o vício da tua vontade. É cálido o vento que te afaga, uma brisa lasciva que percorre cada detalhes, que te despe em cada entalhe do teu corpo. Assim, nua de preconceitos, entregas-me o santuário onde guardas intimamente a lava dos sentidos, abres-me os portões do paraíso para que nele penetre a forma incandescente do meu corpo. Inspiras, suspendes por instantes o ar na garganta inflamada de segredos, e expiraras em gemidos todas as palavras escritas nas linhas curvas da tua silhueta. É neste gozo, suspenso por momentos, que desperta em nós um firmamento intenso de pontos palpitantes, breves instantes em que nos entregamos à perfeita fusão de almas e corpos.

Esta ténue neblina que preenche a atmosfera é um véu que desce sobre a nudez dos corpos, que os afaga com os perfumes do incenso e os abençoa com as ínfimas partículas que tornam o ar visível aos nossos olhos. É neste ambiente íntimo que recolho o teu corpo no meu corpo, é aqui neste espaço exíguo que exploro o mais preciso dos teus sentidos, o toque apurado da tua pele, que à passagem do meu fogo se inflama. Esta ofegante e descompassada expiração trás consigo um suspiro, uma emoção contida no âmago profundo dum sítio escuso onde todas as paixões são pequenas labaredas incandescentes, onde os beijos são amores que se soltam dos teus lábios directamente sobre o vazio pleno e estéril do meu corpo. Assim, tomamo-nos mutuamente, num prolongado abraço que nos há-de levar à compressão total das nossas peles que, na tangência do toque, se emulam em ondas de arrepios, em pequenas vagas de excitação, reflexo do eterno e flamejante amor que nos une.

Faça-se música no ar, para que tudo em nós possa ressoar, para que nos possamos em pleno amar.

á um bailado no diálogo dos corpos, uma música que começa suave, com lânguida letra que escorre pela boca, como beijo de língua húmida. Depois, exaltam-se os ritmos, no abraço apertado, nas tangentes roçadas pelas peles já eriçadas do prazer do toque. E a valsa se faz tango, intenso como o gemido que se escapa da garganta, como aquela sede constante de beber das fontes do nosso prazer. A azáfama dos dedos é um mar de gente em forma de carícias, e a saliva inunda-se de sabores insanos, em pensamentos profanos que irrigam a libido. Agitam-se as respirações ofegantes quando os corpos outrora distantes se fundem no fogo-fátuo do desejo da união plena, as vozes alteram-se e até os sussurros parecem gritos de alegria e êxtase, neste agitado samba em que se tornou a dança. A música acabada não dá descanso aos amantes que nesta fúria desenfreada, querem ficar colados, nos corpos suados, amados pelas almas de quem na realidade se ama.

ncinero o desejo no mais profundo espaço que te guardo, nesta convexidade que se agiganta, nesta ânsia nefasta de te tomar. Este vício é premente, quiçá desejo ausente que a saudade desespera por alcançar, não sei. Dispo-me de palavras, deixo escorrer-me pelo corpo a literatura com que me cubro, quero ser gente, comum, que não pressente, que apenas sente a protuberância dos teus seios ao roçarem o meu peito. Quero ser intenso, como se fosse este o último momento, o último fôlego antes de entrar no teu corpo desnudo, quero ser denso, tornar-me palpável, falo em ti morno, que te consome como facho ardente, como se me devorasses internamente. Vem, não percas o equilíbrio, deixa-te cair sobre meu corpo despido, suporta teus contornos no meu perfil dormente, desejo indolente de seres completamente minha. Avassaladora vontade, que transforma o tempo em eternidade e faz de ti minha amante, minha vogal, minha consoante, frase interminável que me envolve e contorna a pele despida. És assim, sobre meu reino Rainha, sobre meu espírito Deusa, sobre minha pele Feiticeira que me queima de desejos na sua fogueira.

á um incêndio que queima cada pedaço de cio, há um cheiro que penetra o mais profundo vazio, é por este caminho que sigo, por entre o prazer e o desejo, por entre o toque e o abraço. Anda, vem sentir-me a chama intensa, este mar de lava que me atormenta, vem, deitar teu corpo nu sobre mim, como água fervente que inflama minha mente na devassidão da luxúria. Quero-te, com a força dum vulcão que em plena erupção te consome a pele fina, requintada e bela, quero que deixes de ser donzela, que no meu corpo te percas antes da luz da manhã. Quero que no inferno incandescente deste amor premente te derrames em fluidos de prazer insano, quero o teu ser mais profano, o teu louco encanto derramado no meu peito, é assim que sinto o teu jeito, o oscilar derradeiro das tuas ancas, quando em gemidos soltos me amas. Vem, vem, espero o teu momento, aquele bem mais intenso em que teu corpo suspendo, anda, dá-me a tua seiva, nesta louca e incessante vontade que meu corpo do teu seja desagúe.

eixar-me-ias tocar o fogo do teu corpo como deixas que as minhas palavras o façam? Sentir-me-ias de igual modo se fosse eu carne e osso em teu leito? Há uma diferença entre a imaginação que te estímulo e o toque, prazer contíguo em que me encosto, te roço e te mordisco a pele despida de todos e quaisquer preconceitos. Percebe-me, sentir-te é extravasar qualquer sentido, porque amplifico na minha mente cada detalhe de ti que pressinto, cada voz que ecoa na mente, cada traço que desenho na libido. Eu sou um corpo, como tantos outros, mas onde confluem rios de fogo, onde nascem montanhas que se erguem das planícies do meu ventre, não sou como qualquer gente, embora deles não difira, sou algo mais premente que no teu corpo agita os mares que te preenchem. Entendes-me? Pergunto-te porque na beira do abismo faço-me cascata em delírio e derramo-me sobre teus seios desnudos em goladas de prazeres insanos que só o quente âmago consegue reter. Por isso mesmo te digo, que meu corpo é como qualquer outro que te tenha possuído.

No silêncio do teu corpo, sou ave que voa livre sobre a pele nua, planície tua onde pouso os meus sentidos, desejo meu de em ti estar em segredos, em momentos que não quero revelar. Perceber a maciez da tua tez é como sentir a seda escorregar-me pelos contornos, como se fosses fluido em meu corpo, é assim que te sinto, neste resvalo morno, corpo no corpo, sede na boca que te bebe. Hoje o tempo é tão infinito como a eternidade, porque em nós não há a pressa da realidade, apenas aquele momento intenso, em que a tua nudez abraça a minha timidez e juntos nos fundimos num só momento de prazer. Quero escutar-te no meu ouvido, aquele som do teu gemido, aquele intenso abraço, que entregas em meu corpo, por ti já perdido. Vem, quero tomar-te, fazer de ti meu oceano, vestir-te como se fosses minha pele, neste instante, neste beijo em teus lábios de mel.

Sabes como decoro cada protuberância da tua pele? Com a memória delicada da minha língua, quando molhada te persegue. É assim que memorizo o detalhe, aquele leve entalhe que te faz divinamente bela, aquele pequeno defeito que te transforma numa divindade. Só eu sei como olhar o contorno esférico do teu corpo, só eu sei onde te toco, como te acendo e te transformo num fogo-fátuo de desejo. Hoje deduzo-te, intuo o teu sentir, como se soubesse por onde deslizam as tuas vontades, por onde escorrem as verdades que te alagam o corpo, me embalam nesse morno e suave beijo. Ver-te é apreciar a paisagem despida do teu sentido, seguir-te num qualquer gemido, e ficar quieto, vendo teu corpo despido tornar-se o meu terreno preferido. Quero caminhar por toda a tua extensão, quero sentir no teu corpo essa convulsão, esse prazer de te tocar, de te saber gemer no fogo intenso do meu tesão.

A minha viagem por ti começa quando os dedos aterram sobre a macia tez do teu rosto, quando os lábios roçam a profunda doçura da tua boca, quando o meu corpo ancora no teu, mergulhando-lhe nas entranhas. Este é o instante em que te tomo, em que absorvo o calor imenso que me ofereces nesse abraço pleno. Depois, derramo a minha paixão em gotas suaves que resvalam em cascatas pela tua pele húmida de desejos. Esta inundação, é um mar de fluidos que se mesclam entre perfumes agridoces, sabores de corpos em cio, vontades que resgatamos do mais ínfimo detalhe de nós próprios. A melodia que nos rege é um ondular dessincronizado que nos eleva e nos derruba em espasmos e fluxos de prazer inigualável, uma dança da qual conhecemos cada movimento, porque nos está tatuado nos genes, no corpo e na alma em palavras do amor que fazemos sobre esta cama.

nde termina o pudor da tua nudez, meus dedos são como rios que alagam teu regaço, aí mesmo onde todo esse fluir é prazer de teu corpo fazer florescer, encontro na ponta das palavras um desejo de em ti me fazer ser. Este mar imenso, este lugar tenso onde deitamos os corpos, é ninho quente, luz presente que se agita em labaredas de fogo lento. Aqui, entre nós, não há um só momento em que os corpos não formem parábolas de perfeição, até à exaustão plena das energias sísmicas do nosso estremecer. Dentro de ti quero arder, como facho intenso, como delírio imenso que te faz gemer. É em ti que me quero perder, que quero derramar toda e qualquer vontade, é lá que me guardo, no mais húmido recanto da tua luxúria, é por aí que te invado, que te laço o corpo, num outro movimento cósmico que te leva ao êxtase, que te arrepia qualquer pêlo e te deixa despida sobre mim, sem apelo.

erei eu capaz de acordar-te na pele a flor perfumada do teu encanto? Serei capaz de desbravar os teus domínios, descobrir em ti os desígnios que fazem da tua sensualidade a silhueta perfeita da minha saudade? Quanto me pergunto pelo vício tatuado na ponta dos meus dedos quando se debruçam sobre as paisagens infindáveis do teu corpo. Quanto te desejo nesta ânsia, não apenas de entrar em ti, mas de poder ficar, à breve distância dum suspiro, podendo admirar a paisagem da tua nudez que se deita sobre o meu olhar. Não sabes a dimensão deste amor, a sequência que despoleta o meu prazer, no apreciar dos teus detalhes perfeitos, quando te vestes, quando te banhas ou te deitas lado a lado com a minha alma. Percebe essa carícia, porque não só as mãos são malícia, os meus olhos penetram-se como fachos de luz que fazem transparecer no reflexo dos teus nus a beleza da tua alma que se transpira na tua pele molhada pela luxúria por nós inventada. Não, não há limites, regras ou constrangimentos, quando se toma assim, sem alento, alguém que tanto se ama, é nos olhos que se acende o fogo, na pele que se queimam as entranhas e nos fluidos mares de brancos tons que se refresca cada detalhe do amor que se faz ser em nós.

Sou a gota da tua transpiração, aquela que escorre pelo teu rosto, que segue todo o teu contorno, resvalando pelo sabor salgado da tua pele, subindo os promontórios dos teus seios, para se precipitar para as planícies do teu ventre. Deixa-me seguir os ritmos da tua dança, enquanto desço por ti, serpenteando pela luxúria da tua silhueta, como água fresca que te banha, que na pele te entranha as carícias dos meus dedos despido de todos os preconceitos, desenhando-te largos movimentos. Quero agitar as tuas águas como cascata que se pendura do alto do desfiladeiro do teu sexo, seguindo-te até às entranhas, juntando-me aos teus fluxos como gota singela de tantos murmúrios e segredos que a minha voz te conta. Quero derramar-me no teu oceano, onde todas as ilusões são orgasmos e onde cada detalhe da minha fluidez, se mescla com a humidade dos teus lagos secretos onde mergulhamos em êxtases de enlouquecer. Nesse plano, deixo-me absorver pelo teu cálice, onde me verto qual vinho de aromas intensos, que bebes em cada gota que desprendo.

Das minhas viagens pelo teu corpo guardo o sabor da tua pele, os detalhes dos mais escondidos recantos, das mais exuberantes montanhas, dos mais húmidos vales. Eles são memórias escritas nas pontas dos meus dedos, nas curvas da minha língua, no arfar suave da minha voz, que em murmúrios mansos te descreve. Assim, os retratos destes meus destinos são como pedaços teus que levo inscritos na pele, tatuados na cútis que esconde os mais belos prazeres em ti inventados. Este é o meu legado, a forma como te descrevi, como dancei sobre o teu corpo em ondas subtis, como sobre ti gemi as minhas luxúrias, as mais incongruentes loucuras que teu âmago aberto em mim despertou. Hoje, guardo tudo num livro, só para ti escrito, com cada grito de prazer, com cada curva desenleada na palma das minhas mãos, este teu tesão, feito em folhas de papel, vício regado com o mel do teu corpo, seiva que bebo na solidão do meu pranto, ainda em ti recordando. Jamais serás a mesma, tua tez será agora reflexo de luz, corpo que seduz, que induz cada dança sensual a que te entregas. Os meus escritos jamais serão iguais, tu serás em mim todas as demais, modelo perdido no tempo, grito abafado no vento, êxtase do meu corpo por vir.

oje não serei apenas carícia, não serei apenas afago, serei sobretudo lascívia, pleno contacto, abraço apertado, corpo que se comprime, que se esmaga contra a superfície macia da tua ardente nudez. Hoje sou fruto maduro, que se esborracha no teu ventre, que se amaça por entre a tua torrente, e se enlaça no teu gemido como se fosse nele plenamente consentido. As mãos, ávidas de calor, procuram no teu interior o fogo redentor, aquele momento que desafoga o corpo e liberta a mente, só assim sei ser teu, neste delírio demente que me faz escorrer no centro desse mundo húmido que te habita, onde teu prazer gravita.

Anda, derrama-te, escorre pelo meu prazer, faz de mim aquilo que quero ser, incendeia-me, na loucura prazerosa, nessa forma gostosa de te comer, em pedaços incandescentes do teu ser. Enlouquece-me com os frenéticos movimentos do teu corpo, rebenta-me os sentidos, quero ser um completo vazio, por ti plenamente preenchido. Preenche-me.

Neste fogo lento sinto a efervescência do teu corpo, nos rebordos da loucura, onde as ondas chocam contra o meu ventre, o teu mar de repente revolto, engole o meu corpo que se mescla no fluir das tuas curvas. Este silêncio estridente, pleno de emoções rasga-se em pequenos gemidos que lhe dão o prazer e fazem a atmosfera arder em convulsões gigantes. Mergulho na lava da tua erupção, os meus dedos percorrem-te o dorso nu, sigo o rio da tua vontade, que em luxúria se deduz. Neste cálido banho em que me envolves sinto-me escorregar por ti, como se caísse para dentro do teu útero em espasmos loucos que me comprimem freneticamente. A minha boca, prova-te, nos diversos sabores e mesclas, em cada gesto sem pudores, sem reservas, entrego a minha língua a pintar-te o corpo de saliva morna que em arrepios, teu oscilar entorna, segrega e espreme o sal do nosso amor.

Se soubesses que escorro pela tua pele, como água em sufoco de atingir o rio estreito do teu cio. Esse desvario com que me contemplas os sentidos, esse fogo com que derretes os meus dedos no teu corpo. É assim que me fundes, nesta simbiose de peles molhadas, de bocas caladas em sôfregos beijos. Como se derrama a minha tinta, que desbota a tua paisagem infinita, regando em ti a semente fecunda que há-de fazer-se Fénix renascida. Anda, acolhe-me entre as colinas estreitas e húmidas da tua luminescência, deixa-me ser em ti mais que desejo ardente, deixa-me ser o doce canto que em tua libido ecoa, como o som do mar revolto. Abre-me, os portões do teu planeta, deixa que te invada, que te tome, assaltando as tuas fantasias mais escondidas, satisfazendo a plena loucura da paixão, neste amor em forma de união.

63

ão fales, não digas nada, sente, sente-me, o ritmo da alma que pulsa numa dança justa. Vem, entrega-me o teu corpo, anda, roça em mim o teu rosto. Percebe como se evapora em nós a água do prazer, neste fogo lento que nos cobre os poros. Absorve a cadência, o ritmo com que esta incongruência se afina, os corpos balançam, o vento agita-se e tu envolves-me, deixa-me guiar-te na penumbra, toma as minhas rédeas, leva-me à loucura. Percorre-me num galope perfeito, solta em ti o meu vício e segue os meus passos em desvario. Não penses, segue o instinto, o enrolar da música que te penetra em conjunto comigo. Canta, geme, faz deste bailado uma sensação perene. Fica, vem, deixa-te fluir em mim, como se derramasses toda a chuva dos céus, sal dos delírios que meus dedos insanos te despertam. Deixa-me explodir no teu âmago, como forma de preencher-te por dentro com o néctar desta fusão, deixa que derrame em ti o meu deleite.

No lusco-fusco, percebo as curvas que embalas como ondas dum mar revolto, dum sentido em pleno alvoroço. O brilho resplandece a cada movimento do teu corpo, as minhas mãos são véus que te descobrem, a minha boca o céu da tua, que entreaberta, me deixa entrar-te. Este embalar, é ritmo pungente, que teu corpo do meu sente, esta dança é um fluxo aleatório de desejos que em devaneio me entregas. É na planície do teu ventre que todo o meu firmamento se suspende, é no confluir da tua exaltação, dessa vaga dessincronizada que esbates contra a praia do meu corpo que se soltam os aromas, os fluidos com que regas a aridez do meu deserto. Este rebolar de corpos, emaranhados em panos translúcidos, que construímos o nosso casulo, onde qual ninfas nos transfiguramos em borboletas multicoloridas. Este é o epíteto da nossa vontade, esta plena saudade de sermos mais do que corpos, mais do almas, sermos plenos, fundidos e derramados um no outro.

Quero fazer soprar os ventos cálidos do meu prazer, sobre a tua pele, ao amanhecer. Sentir o teu corpo nu escorregar por entre o cetim dos lençóis, observar como um arrepio te percorre numa vaga imensa que se espraia num sorriso feito de estrelas. Sabes como abrir-me as portas do teu corpo, como deixar-me entrar em fulgor no âmago húmido do teu ventre, que preencho de fluíres quentes, resvalando languidamente pelos recantos de ti. Dos teus lábios bebo a ávida língua com que me beijas, do teu olhar penetrante absorvo a luz com que me iluminas. Esse atrevimento de cumplicidade que nos funde é fogo que queima a saudade que nos mistura em ondas molhadas de paixão. Quando o dia despertar, encontrar-nos-á, corpos estendidos no chão, abraçados em emoção.

Ardem os fogos, eternos momentos que iluminam a noite do teu corpo. Erupções massivas desprendem-se dos cumes erectos dos teus seios, resvalando pelas encostas harmoniosas das tuas lascívias vontades. Há uma ebulição premente, que agita as curvilíneas sombras que te cobrem, numa noite intensa em que meu corpo é mar que te acalma, que te excita e te toma transformando a tua lava em terra nova. Forjam-se, no íntimo as formas que absorves, que te invadem e te consomem, loucos delírios febris que o suor do desejo escorre em gotículas molhadas da minha maresia. É assim que te amo, com o requinte de quem contempla a criação dum novo mundo, de quem acende e molda cada pedaço de pele, cada tumescência, na ânsia de oferecer-te a semente que plantará em ti a vida, que há-de desflorar e fazer-se verde, azul e oceano.

Acordo, imerso na luz do teu corpo, que apaga as sombras e se reflecte no meu rosto. Esta madrugada é luminosa, porque a tua presença em mim é como chama que queima levemente o prazer, que irradia este brilho fulgente que nos olhos se sente o fascínio de poder-te ver, sentir e ter. A minha boca escorrega dos teus lábios, sugando todo e qualquer pedaço da tua nua pele. As minhas mãos são braços que te envolvem em mil regaços, estendendo-se no mar azul do teu desejo. É dedução, perfeita intuição que sigo cegamente no meu mais íntimo devaneio.

Bebo dos teus seios o anseio de querer tocar o céu, prender as estrelas na palma da mão para derramar com sofreguidão no ventre já húmido do teu universo em ebulição. Não há mais brilhante explosão, não existe maior satisfação que sentir-te escorrer por entre esta amálgama de prazer, num gemido intenso que me fazes ter.

Anda, deixa-me ser, em ti, vontade, em ti eternidade, em todo o esplendor dos teus contornos, condor que agita as asas e suavemente crepita nas brasas do teu eterno fogo. Prende-me, amarra-me em teu corpo, faz de mim teu porto e deixa-me soçobrar na tua praia despida, onde a areia fina é a centelha da tua vida.

Esta perigosa tentação, que é explorar-te o corpo com toda a intenção de quem te despe, te envolve e te dissolve nos fluidos corporais do prazer, é sublime paixão. É assim que te penso, que te desenho e te sinto, em cada alvorada, em cada dança desgarrada de sentidos, desprovidos de medos, em gemidos intensos que nos silenciam a vontade de nos tomarmos em goles pequenos. Neste ínfimo momento, em que a fome não se sacia com pequenos pedaços de desejo, toda a eternidade é pequena para albergar esta vontade imensa de te fazer minha, de te ter para sempre incrustada em meu corpo como pedra preciosa em anel de compromisso. A beleza escultural do teu corpo conjuga-se com a perfeição da tua alma, numa simplicidade estonteante que me faz perder nos jardins labirínticos do teu mundo, onde quero ser apenas uma singela pena que esvoaça ao sabor da tua respiração. Quero eternizar-te num abraço leve, em que os corpos sejam apenas a conexão dum sentimento maior, emoção e sensação ilimitadas que em nós serão plantadas para todo o sempre, é assim que concebo fazer em ti o amor nascer.

Deveria a intensidade da tua essência restringir-se ao interior da tua existência, mas, ao invés, extravasa e propaga-se em ondas cinéticas pela pele, como a ondulação da água quando de dentro lhe salta um peixe. É-me impossível resistir à tentação de tocar a tua superfície, como se quisesse refrescar-me na intrínseca beleza que fazes brotar. Essa frescura imaculada, quase inalterada, da tua magnificência, é o elixir que me deixa inebriado de prazer ao contemplar o teu corpo quando deixa descer a roupa que o cobre. Pergunto-me tantas vezes se é sonho ou realidade, esta verdade que contemplo. Por vezes pareces fruto das minhas mãos que te esculpem os contornos, ou, será que as curvas do teu corpo me ensinam a copiá-las? Reproduzindo-te em sonhos como artista plástico em delírios. Sei apenas que te sei, que te conheço, que nasço no centro nevrálgico da tua existência e trepo até aos poros da tua pele para te ver de fora, apreciar toda a loucura do teu feminil corpo, extasiar-me com as sombras que me oferecem as curvas da tua silhueta. Daqui, de onde te vejo, pareces-me sem dúvida uma borboleta.

demente esta sensação de entrega que me completas, esta fervente loucura em que desço amiúde as encostas suaves das tuas ancas, os escarpados picos dos teus seios ou as planuras do teu ventre. És a própria savana, repleta de rasas sensações, és o meu vulcão, pleno de constantes erupções que deixam a minha pele em brasa e preenche pedaços da minha pele desnuda com o mel da tua lava. Não sei já vaguear sem te tocar, não sei já escrever sem te tatuar, não sei já amar-te de outra maneira que não seja com a intensidade com que te dispo, com a vontade com que em ti me misturo, mergulhando profundamente nos teus abismos húmidos, saboreando cada pedaço do teu sal, bebendo-te como se fosses em mim cálice sagrado.

Esta estranha forma de me diluir no teu âmago é a fórmula alquímica que mescla cada poro de mim, na tua essência, que banha cada fragmento da minha existência na confluência de todos os teus rios. Só assim faz sentido, só assim te tenho sentido, neste mar tumultuoso dos nossos desejos insanos, destes momentos profanos em que invado todo teu corpo.

ão imagino a pele sem a maciez da tua pele, o corpo sem as formas do teu corpo, o vício sem a tua boca, o arrepio sem os teus poros, o vento sem o aspirar do teu fôlego. És o mapa que me guia, extrema euforia, plena luxúria que me acolhe na gruta húmida do teu corpo. Há um rasto invisível que deixo ao passar da minha língua, neste rastreio que deambula pelas plenas savanas do teu ventre. Hoje não sei mais o caminho de regresso sem que minha boca se forme no espaço convexo do teu Olimpo, onde deliro em êxtases, onde sinto estremecer a estrutura que de pé te segura, como árvore exposta ao vendaval das minhas emoções. E, mesmo neste silêncio que mordes nos lábios, sei que é pleno este vir de mansinho que escorre no meu regaço. Tempestade efémera, ondulação profunda que se afunda em meus dedos, que bebo com a ponta húmida do meu sexo.

A alvorada revela as sombras que a Noite esconde na penumbra do amor feito aqui. Este leve despertar da manhã é orvalho fresco para os corpos abandonados aos prazeres acabados de saborear. Agita-se ainda no ar o fumo das velas acabadas de apagar, substituídas pelos primeiros raios de Sol que invadem este templo sagrado onde repousam as almas.

Este amanhecer revela-me a subtil nudez das tuas linhas que em ondas suaves se mesclam com as pétalas de rosas desfolhadas na agitação das emoções, quando em galopes desenfreados batiam nossos corações. Agora, o silêncio é a música que ecoa pelo espaço, como se nem a natureza quisesse teu sonho acordado.

Imóvel, observo-te, degusto como último prazer, a tua singela beleza exposta nesta aguarela de fragilidade e pureza. Não digo nada, porque nada há para dizer, quando frente a mim vejo o teu corpo resplandecer. A minha mente fotografa-te, como última recordação dum instante inolvidável que guardarei junto das memórias de saudade da minha existência, para sempre!

73

usei tocar-te a pele, num suave roçar de momentos, atrevi-me a percorrer-te com a ponta dos dedos, como quem percorre um mundo cheio de novos sentidos. Descobri-te na realidade desses instantes e nos êxtases delirantes que teu corpo me ofereceu. Escutei os teus gemidos, os suaves gritos de satisfação, que no balanço da emoção foram música sensual que fez meu corpo navegar pelo teu mar. Em flor te descobri, as tuas pétalas desfolhei como traços perdidos no papel, em ti me tatuei como símbolo de eternidade, como retábulo sagrado que trazes em ti colado. É assim que me imortalizas no decorrer dos dias, nessa recordação revivida em cada sensação, mesmo no turbilhão das horas em que não acreditas que tivesse sido vivida. Sabes, a saudade às vezes parece obliterar a realidade, e já nem sabemos se vivemos ou sonhamos o que tivemos.

Se mais universos não houver, que seja o teu corpo a minha galáxia, e o teu ventre o meu sistema solar, é lá que quero habitar, como planeta periférico, que se perde em elipses confusas atravessando a tua cintura. Se me disserem que a luz deixou de brilhar e toda a escuridão está por perdurar, saberei sentir-me seguro no meio do teu escuro, pois já vivo em ti desde que nasceste no horizonte longínquo deste mundo e seguir-te-ei pelo céu em tons de prata até que a tarde te adormeça no regaço das minhas montanhas.

Sabes, não me importa quantos dias houve desde a criação e quantos mais haverá depois da tua aparição, basta-me girar concentricamente em ti para saber que nas voltas desta vida, o teu corpo é alimento que me satisfaz plenamente e que o teu espírito livre é a asa que segura a minha imaginação, o meu momento de explosão.

Deixa-me cair em tentação, ser pecador e mortal, porque neste círculo letal está o gosto da tua pele, do teu eterno graal.

Quero deixar escorrer-te pelo corpo a água que te arrepia, quero seguir esse regato de prazer que desliza pela planície do teu ventre até ao vale profundo do teu ser. Quero beber-te, deixar minha língua ávida do teu fluir, lamber o teu gemer, como quem chama pelo vício, como quem grita pela libertação das fontes que jorram em ti a lava quente que se derrama do meu vulcão. Que os meus dedos serpenteantes encontram na gruta do teu corpo o estímulo supremo dessa louca vontade de brotar, nascer, duma explosão de luz que comprime todos os músculos, que projecta no fundo dos olhos o fogo-de-artifício dum prazer nunca antes encontrado, tantas e tantas vezes sonhado.

Não importa como e onde, em que tempo ou em que fonte, flua este momento, desde que ele seja o alívio para o tormento preso no mais recôndito inferno. Quebrem-se as correntes e que eu liberte em ti todas as águas do meu corpo, inundando a fertilidade dos teus terrenos com o sémen que semeia a terra virgem que escondes em ti.

Declaro a minha insanidade, subscrevo o meu delírio, admito a minha loucura quando solto meu corpo sobre o teu. Este vendaval que assola cada poro é constante turbulência que invade a minha consciência, tolda o meu pensamento e me faz perder completamente a noção de tempo. Extravaso toda a emoção como se derramasse sobre os teus lábios todo o fogo que arde no meu coração, lava quente, porém dócil e terna que como um lápis te desenha o contorno suave da boca. Este beijo intempestivo, que começa de mansinho e se agiganta como vaga, é um subtil início que, aos poucos, te toma por completo e te suga por momentos a língua húmida do gosto do teu sabor de vontade, de luxúria.

As mãos perdem-se, absorvidas pelos teus cabelos, num emaranhado de murmúrios, de desvelos que suspendem o teu corpo, como se pairasses, como se voasses sobre o meu corpo de mar. É assim que te quero amar, como vaga constante que na areia da tua pele se desmancha.

Sinto as teclas do piano soltar as notas que agitam o ar com a vibração da paixão do meu dedilhar. Da mesma forma sinto o teu corpo chegar, dançando o lânguido ritmo da música. Preenches o espaço sobrevoando o chão com teu vestido acariciando o soalho do salão. Sentas-te em frente das minhas mãos, que prosseguem com efusão, provocando a música, despertando em ti esse vulcão. Afastas as pernas e deixas que leia a partitura do teu desejo, fazendo com que meu olhar perceba nos detalhes do teu corpo nu, o perfume de si, com a gravidade dum dó que faz de mi um suspiro na solta melodia desta canção. Pede o momento que a música siga o destino que clama teu corpo, agora deitado sobre a cauda imensa deste piano, chamas-me, com o canto das sereias, e eu, livre de amarras, cedo ao devaneio de te amar, ali, sobre as notas amarrotadas do papel duma partitura que acabaste de inventar.

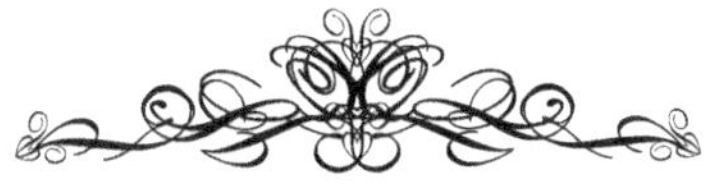

nfiltro-me, nesse ínfimo espaço entre o cruzar das tuas pernas e o desejo que escondes com elas. Sou cotícula que resvala pela perfeita curva das tuas ancas, alimentando o lago confinado ao teu colo desnudo. No fundo, a tua pele é permeável à passagem da minha humidade, procurando tocar-te a extrema sensibilidade. Quando sentes que cheguei, que com meus dedos em deleite te toquei, deixas cair a represa que retinha os teus desejos e, como cascata, todo eu me precipito dentro. Dentro desse calor imenso, onde a agitação me faz fluir na direcção do teu centro, onde o teu mar efervescente se abraça ao meu rio fulgente e ambos se provam num delírio inusitado de prazer. Depois, de teus lábios apertados contra os meus, solta-se um gemer, um querer dizer sem fonética, apenas com a dialéctica de quem sabe que é invadida, que deseja a investida e não descreve, apenas grita, geme.

etalhe traçado no vento é o risco invisível que desenho, teu corpo criado do nada, vazio preenchido com a minha pele, despida de vontades, tão-somente mel, corrente de teu corpo em cascata de vontades. Eriçam-se os poros, que ao sabor de ondulantes vagas sentem o calor da boca ancorada os seios nus que me ofereces. Delírio, ou martírio, de ver-te e não poder tomar-te por completo, como se fosse minha tez, minha frágil timidez, desenfreadamente louca, quando meus lábios dormem em tua boca.

Esta desconcertante maneira de te amar, não é mais que desejo perfeito, de em teu corpo me deitar, de em tua alma habitar, como se fosse eu anjo, ou o próprio demónio encarnado, em corpo desvairado de tomar-te por inteiro. Depois, renego-me este apetite, esta voraz condição de colmatar o fogo com um dilúvio de sonhos. Afinal é disso que vive a ilusão, de ser algo em contramão, tentando torcer o destino a favor do vento, como vela que infla esta nossa condição.

á luz das estrelas o teu corpo é como a via láctea, distendido no branco imaculado dos lençóis, como se me indicasses o caminho que devo seguir para descortinar todos os teus segredos. Aprendo a medo, a forma de tocar-te sem perturbar o silêncio tranquilo do teu dormitar, sem desvanecer o brilho incandescente da tua aura que palpita como luz eterna na escuridão do céu. Escrevo-te no corpo os murmúrios, e nos cabelos sopro-te a brisa dos teus sonhos, tu, imaculada Deusa, ali despida pelos ventos do sul, permaneces impoluta, como estátua hirta da divindade que em mim habita.

Mas não te quero apenas adorar, adornar com meus versos sem rima, quero dedilhar-te como uma guitarra que geme baixinho um velho tango, prazer e silêncio, que em onduladas nuvens de encanto em ti danço. E a madrugada esvoaça sobre o nosso ninho de amor, como que querendo olhar-nos do alto, perceber como construímos ali o fulgor que nos enlaça, a fome que nos abraça em sôfregos beijos, em vorazes desejos de quem sabe e ama.

Mas recolhidos no nosso secreto momento, esquecemo-nos do mundo, do turbilhão de gente que passa e segue, e deixamos amar-nos como se fosse este o primeiro instante, e o último detalhe dum suspiro acabado se exalar.

á um momento em que do meu espírito faço vento, que de minha alma faço alento e com meus dedos invoco a poesia da tua essência. Sábia inflexão que no contorno suave do teu corpo, disperso minha tensão. Desenho mil letras, dispersas pelas areia quentes do teu ventre, símbolos antigos, ancestrais instantes em que do vazio lucubre fazes surgir uma vaga de luz, em espasmos arrepiantes que te eriçam os poros e adoçam minha boca com o néctar húmido do teu corpo. Esse êxtase é culminar desta espiral de desejos que desencadeiam meus mais guardados segredos, que exasperam por ser por tua boca degustados, como num poema por ti, em ti, declamado. E esse silêncio que parece imenso, profundo e vazio, é afinal um mundo cheio de alegorias e sensações que brotam como água viva de dentro dos nossos corações.

Não saberei explicar-te como encontro o caminho para as tuas vontades. Como deduzo o teu desejo e sigo-te por entre afagos e beijos até ao portal do teu sagrado templo. Não, não é intuição, ou qualquer espécie de poção, mágica, ou não, que me faz ver-te no escuro, encontrar-te no mais profundo abismo, ou salvar-te no meio de qualquer tempestade. É apenas, e tão-somente, o chamamento da minha energia, que é parte da tua essência, que por obra do acaso um dia se separou num raio incandescente de saudades. É por isso que te adivinho o jeito, o trejeito e a forma como existes, na perfeição moldada de um corpo divinamente criado por seres extraterrestres. E este silêncio que guardo, na hora de te amar em pleno, não é medo, não é falta de jeito para expressar o que sinto, é apenas reverência e êxtase de quem contempla no teu olhar toda a beleza do universo.

estilo ainda o gosto agridoce da tua pele, onde minha língua se perde como pincel em tela branca. Saboreio esse perfume, essência magnânima que se verte dos teus poros, como gotículas. É meu esse anseio de me impregnar no sândalo do teu corpo, mergulhando no rio que te escorre por entre os seios. Mar de meus desejos, ventre perfeito e macio onde meus sentidos se perdem. Vastidão imensa que calcorreio vezes sem conta antes de enlouquecer com o néctar do teu prazer.

Declaro-me incondicionalmente rendido à sedução das tuas sombras, das curvilíneas formas com que me presenteias e dessa inigualável maneira de me atraíres para o redemoinho da tua beleza. Sugas-me, absorves-me e envolves-me, na longitude dos teus braços que num só abraço me tolhe. Perco os sentidos, nesta dança interminável, que a melodia da tua voz entoa. Na amalgama de gestos e no contorcido dos nossos corpos. Esqueço-me do tempo, do espaço e fico preso ao momento, com as tranças dos teus cabelos.

S abes da existência em nós dum gosto prazeroso de dedilharmos os corpos, de construímos com expirações as transpirações que molham as peles, que se colam e se afagam em constantes ondulações. Sabes! Não sabes? Que me perco em detalhes, escorrendo como água fresca pelos relevos que teu corpo nu desenha sobre a convexidade do meu. Este insano desejo que queima como fogo, que arde como lenha madura em noites intermináveis de prazer, faz-me voar pela planície do teu ventre, ensina-me o êxtase que se acende quando meu corpo, teu corpo preenche. Não há maior sentido que o que me escorre das mãos quando te dispo, não há maior emoção que este lancinante despudor com que me entrego a fazer-te amor. Explodimos, numa amálgama de gemidos, de contracções e, cegamos, ensurdecemos, quando a vaga deste *tsunami* nos esmaga contra a praia desta cama molhada pelo prazer que nos damos.

Shiu... Não digas nada, não precisamos que mais que o silêncio do arfar dos sentidos para sentir a latejante vontade de nos havermos tido.

scorro os dedos pelas entranhas húmidas do teu corpo, resvalo em impetuosos esgares de insanidade, tal é de ti a saudade. Esta torrente exaltada, é turbulência que se esvai em lânguidos ângulos que a língua molhada contorna, lambendo o prazer delicado da tua essência de mulher.

A madrugada penetra profundamente a Noite, num galope desenfreado, sinónimo de corpos encaixados, enroscados nas simetrias dos enlaces que se tornam perfeitos a cada choque, a cada suave toque dos meus dedos sobre a tua pele suada de mil prazeres.

Interminável é o tempo, que na ausência de ser sentido, se pára, para olhar os corpos despidos, compenetrados sobre cama de cetim, em beijos carmins, que tua boca em meu desejo entorna. Inexplicável é esta luxúria, esta morna ternura que se exalta e extravasa sentidos como uma inundação na lezíria do teu ventre por mim derramada.

És nota de música, que suavemente deixo soltar-se da corda esticada do teu corpo de violino. Eu sou arco, que roça suavemente sobre a pele de ti. Juntos compomos sinfonias, mares de sons e melodias que vibram no ar da madrugada. É tarde, o teu desejo ainda desperto, clama pelo toque suave, e eu, já rendido ao prazer da tua silhueta, volto a tocar-te em novo concerto de abraços e apertos, gerando nos teus lábios o gemido perfeito que acorda a Lua e desvanece a névoa nua que nos envolve.

Invento mil formas para sentir em ti a forma como me tocas, aproximo-me vindo do nada e sobre tua pele já molhada descanso, de novo, o meu corpo em arcada, só para ouvir de novo esta sonata encantada, que é o silêncio abafado dum um grito inflamado de prazer. É assim que o amor deve ser, louco e insano, perfeita melodia de encanto, complemento pleno entre o teu corpo de violino e o meu arqueado dorso que te faz música.

Delirariam os sentidos ao tocar de leve sobre a superfície magnificente da tua pele, tudo seria um momento de êxtase, pela proximidade da harmonia, da complementaridade e da simbiose que ali mesmo, no meio do nada nos uniria. Este tempo, em que as horas são fúteis subterfúgios para esquecer a existência dum mundo lá fora, tudo se aconchega, se condensa num instante de pura e singela beleza. Esse suspiro profundo, essa inspiração que sorve num grito todo o prazer do mundo, é gemido, mansinho, embalado devagarinho pelo agitar da luz das velas tremeluzindo.

Agora, que as mãos se enrolam nas pregas do corpo, exposto ao vento desta agitação que ondula sobre o mar de lençóis, em cama nua. Flutua na atmosfera um perfume de mesclas, odores e suores que no marulhar intenso da emoção, nada mais são, que traços da nossa fusão. Não te esqueças, jamais, que a imortalidade é tudo isto e mais aquilo que não fomos ainda, porque ela existe e guarda-se nos segredos de um beijo dado com ternura.

O fogo-fátuo do desejo, alimento-o no brando lume da insensatez, na fúria da loucura, na obscura atmosfera do prazer, onde do teu corpo faço lira que dedilho em notas de poesia. Como contornar esta vontade? Como não fazer dela intensa corrente que sobre mim age? Bem sei que não devia viver nesta ansiedade que enlouquece a pele, que faz crescer a sede de te beber. Mas não tenho como suspender o ato, como esquecer-me deste breve hiato em que somos apenas corpos sobre o vício delirante do gozo de se ter.

Por isso me perco, no lânguido gosto de te lamber, traçando-te meridianos húmidos, absorvendo o sabor do sal da tua pele molhada pelo orvalho da agitação. Esta nobre arte de te amar, esta profusão de sentires que nos há-de levar ao êxtase, ápice dum momento só, em que esta hegemonia dos corpos sobre as almas extravasa os limites da realidade.

Amanhece teu corpo na aurora do dia, desnudo sobre um jardim de flores. É mágico o despertar dos sentidos, quando em brandos murmúrios te falo do desejo de te ter comigo. Escutas-me como se fossem minhas palavras melodia, com um sorriso de alegria desenhado nos lábios. Eu, qual vento cálido, precipito-me pelas encostas despidas do teu dorso, arrepiando-te os poros em incontidos prazeres, preenchidos de mil beijos.

Entregas-me a alma, vestida da pele que tatuo com minhas palavras, és livro aberto de par em par, como ave à procura de voar, no céu azul deste mundo por inventar. A poesia é também feita de fantasia, de quimera e saudade de algo que sentimos, sem saber como conseguimos, tamanha emoção comportar.

Este amor que fazemos, é rio descomandado, correndo entre margens apertado, como meu corpo em teu cingido, nos limites acutilantes das tuas pernas que me comprimem no teu âmago, é este grito de liberdade, abafado pelo jardim que te abraça, já saudosa viagem que não me canso de inventar.

oje vejo-te como o prefácio dum livro por escrever, como um momento suspenso na branca folha, um pedaço de texto, redigido na Noite da ausência. Hoje olho-te como modelo, que pousa, estática, na *chaise long* duma sala vazia de argumentos. O teu corpo nu, é tentação, a tua pele macia ilusão que ainda guardo na tela despida de traços.

Não sei se te escreverei, ou se deixarei o teu livro inacabado ser a prova deste vazio em mim encontrado, não sei. Talvez porque os dias de agora sejam ausentes da euforia de outrora, e as minhas mãos envelhecidas tremam demais para serem pena molhada de tinta. Estes caminhos que dizes ter aprendido de cor, que não esqueces, que segues mesmo sabendo que caminhas só, podem ser o destino que traçamos à muito, sequências de nossas prolongadas ausências, e dos silêncios que te impus ao deixar-te ficar ali, no vazio da Noite.

Perscruto ainda os porquês de toda esta loucura, porque perdura num tempo tão distante daquele momento. Esta incógnita agita-me, deixa-me confuso, preciso entender-me para não ficar recluso da tua presença em mim.

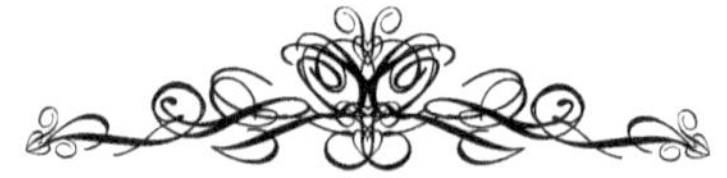

Fica, em mim, no sabor salgado da minha pele, como maresia que me salpica os sentidos. Fica, no vazio imenso do ar, que cobre este corpo à deriva. Enrola-te nestes braços que te cingem, seguram e comprimem num abraço eterno. Quero que fiques, enquanto absorvo o fluir dos teus sentidos, presa neste confinado espaço que não nos divide. Quero-te mostrar o que sinto, quando balanças sobre mim o teu corpo despido, como fazes escorrer da minha pele as essências da minha existência.

Fica, porque só assim poderás compreender a verdadeira dimensão do amor, esse vacilar entre almas que se funde em corpos húmidos, trespassados pelo prazer de quem sabe saborear os instintos mais caóticos, primitivos, mas também, as sensações mais refinadas que sabemos produzir nesta debandada de emoções cósmicas.

Fica, deixa-te estar, por que amar é mais que entregar apenas a pele, é transcender, é inverter o mundo de pernas ao ar. Experimenta, arrisca e delícia-me com a oscilação interminável deste momento, feito dc vento, de tudo e de nada. Fica!!!

Sentes, o suave vento que o meu corpo provoca ao contornar a parábola do teu perfil, como fénix em rasante voo? Tens percepção da forma como o meu olhar pousa na perfeita nudez do amanhecer da tua pele? Como te posso descrever o indescritível? Dizer-te o que apenas se pode sentir quando os meus dedos se entranham como água das chuvas, na humidade do teu corpo, como se pretendesse em ti fazer nascer a semente que guardas no ventre. Em ti revivo as cores que pinto no nu espaço entre as montanhas do norte e o vale fértil do sul, criando nas planuras, um jardim pleno de flores, amores-perfeitos e florestas místicas que há-de abrigar o segredo do nosso desejo.

Dirás que vivo de ficção, que em ti apenas reside a simplicidade duma mulher que ama. Mas para mim, no jeito diverso com que te olho, com todos os filtros de paixão e sedução, amor e perdição, és divina criação que contemplo. Tantas e tantas vezes me questiono porque o Criador me entregou para cuidar, este precioso tesouro que é a pele que te veste a alma. Serei eu um querubim que te guarda? Fiel amante que te vela? Não, sou apenas um simples mortal que te ama.

Quem me dera ser tua sede, ser teu cio, ser teu calor, ser teu frio. Esta vontade de arar a tua pele com os dedos lânguidos do meu corpo, é incontornável loucura, que em meus lábios provoca a secura e no meu corpo o frémito incandescente dum só lamento, dum só segredo. Em laivos negros traço a imaculada beleza, nua destreza de teu corpo flamejante, quero ser teu álcool, quero ser teu amante, que desbrave em ti matas verdejantes, debulhando estios e inundando vales com o néctar da luxúria. Haverá maior precisão, capacidade de invenção, ou vulgar percepção que o olhar que te envolve? Que o detalhe que te descobre, neste abraço apertado onde meu corpo, o teu acolhe?

Deixa que o silêncio se quebre num murmúrio lancinante, que o apetite voraz devore os corpos doravante, e que a incerteza, seja esquecida num canto qualquer, abrindo portas a esta magnificente e brilhante aurora, que de teus olhos desponta, como quem chora de alegria desbordada. É desta forma, quase incongruente, que és em mim fluente rio, que lava meu Estio e leva o pó da ausência em vagas pequenas até ao mar.

A penumbra exalta as sombras, fá-las curvar-se perante a magnificência do tempo, como se fossem folhas, vergadas ao vento quente da monção. Nesta atmosfera rarefeita, onde todo o oxigénio se concentra nas inspirações intensas e em ofegantes exalações, gemidas, perdidas na eloquência de quem diz o que sente sem se preocupar com a morfologia, simetria e outras regras que costumam governar as palavras. Tudo é ténue, como ténues são os sentidos inebriados, pelo dióxido de carbono que se condensa no calor absurdo dos corpos.

Loucura, êxtase, ou, tão simplesmente amor, derramado pelo chão, como água de suor, lágrima de prazer que teu corpo no meu faz escorrer. Não sei, não quero saber, quero apenas lamber este sal, como se teu mar houvesse explodido numa vaga, contra o rochedo meu, aspergindo o ar de todos os aromas que uma colisão assim poderia soltar, num grito, incontido, lancinante e perdido no lusco-fusco deste quarto onde nos amamos.

Desvaneço, na sombra que apaga o teu corpo imenso, neste silêncio derramado em beijos, subindo a pele, como quem escala a montanha erógena do teu sexo, como quem bebe do teu corpo os ácidos nucleicos que precisa para refazer-se de vida e energia. Este rio que brota dum beijo suave que se torna em avalanche e devora a tua língua molhada, como quem tem uma sede arreigada ao corpo, à alma que espera impaciente pelo gemido gutural do teu prazer. Deixa que oblitere o espaço em redor, como aluno que corrige a sua escrita, como mestre que corrige a trajectória dum cometa em rota de colisão com o teu mais profundo desejo.

Deixa que sem nexo algum te possua, faça da minha voz, tua, e do meu corpo insano e incandescente a fusão que provoque em ti aquela sensação de arrepio, como a chuva ama o estio. Ama-me, com loucura de quem já não sabe mais como comportar uma vontade, imensa essa verdade que te explode por dentro e te faz gritar alto ao vento, o nome meu, que carregas dentro. Quero lá saber se existe neste texto lucidez, regras de português, ou outro qualquer espartilho, que te tiro, te dispo e te amo, devorando-te duma forma insaciável, e tão minha.

Perfuma o meu corpo com a fragrância da tua pele nua, deixa que as minhas mãos sejam a brisa fresca que bebe de ti o orvalho do prazer. Que a minha língua seja serpente pecadora, resvalando sedutora por todos os recanto do teu corpo. Que a minha boca seja sopro, morno, calor de Agosto, que te envolve, num tórrido abraço que nos tolhe, nos tomba, sobre o cetim dos lençóis, onde construímos o amor.

Sentes este fogo premente? Que te sobe pelas veias? Estas chamas com que te incendeias? São criação dos meus lábios, que a beijos molhados seguem o percurso do teu desejo, meus dedos que se perdem na humidade da tua luxúria, e esta vontade de adentrar-te, que me consome, neste delirante momento, em que te tomo e te sento sobre o meu corpo.

Estilhaças o silêncio num grito, gemido alucinante que marca o início da fusão do meu corpo dentro do teu, da tua alma dissolvida na minha. Obliteramos o espaço, confinamos todo o universo a um breve instante, fizemos fluir toda a energia para este rio, de fluidos deleitantes, que escorre por entre os vales de ti.

á uma erupção iminente que te jorra da boca num beijo preste a entregar a lânguida vontade de na minha boca desmaiar. No meu olhar há uma chama que te incendeia a pele, como um rastilho por queimar, como uma bomba por detonar. Este jogo de olhares, parafraseados de risos contidos, palavras atrevidas e toques sentidos na proximidade estática dos corpos que se inclinam sobre este abismo de luxúria por experimentar. A qualquer instante, uma brisa despoletará o choque dos nossos mundos, quando os olhares já não suportarem o peso da pálpebras, as bocas não conseguirem conter a sede, e as peles não permitirem mais um único arrepio... Nesse momento tudo em nosso redor ruirá, o tempo perder-se-á no vazio dos minutos e a luz explodirá num cataclismo inimitável, de proporções cósmicas. Os corpos estremecerão, as almas vibrarão num abraço desmedido estilhaçando o ar, suspendendo o silêncio numa cacofonia desconcertante.

ada mais será igual, a fome será saciada, a sede morrerá afogada, e as formas fundir-se-ão numa única amálgama de escombros, que um grito dilacerante delimitará e o meu corpo encaixar-se-á no teu, como se tivéssemos sido moldados pela criação para nos contermos, um dentro do outro, num orgásmico universo acabado de criar da explosão da saudade, da vontade e do desejo.

O atropelo dos sentidos leva à sublevação do inconsciente que em catarse se desmembra em alucinantes formas de prazer. Quisera eu ser louco para te dar a beber da minha loucura, talvez assim contagiasse teus poros e efervescesse o teu sangue que correria rápido como rio apertado pelas veias do delírio, descompassando o coração, inundando a planura do teu ventre de paixão. Mas esta insanidade restringe-se à minha mente ilusória que delira por universos inexistentes, onde os corpos são estrelas fulgentes que se derramam em lavas incandescentes pelas encostas da luxúria. O meu espírito é um pássaro inventado na ponta dum lápis pintado de penas carmins, como os lábios de fogo do teu corpo quando se esvaem em orgasmos húmidos. Mas, é inconsequente esta minha criação, tudo não passa de mera diversão de neurónios dementes que, em palavras quentes, se refugiam, como forma de matar à faca a nostalgia da ausência, essa perpétua cadência de vazios onde se fecha a mente humana, quando não é entendida.

Por isso é melhor calar, não dizer e não escrever, muito menos descrever os sentidos que invento sob pena de ser louco quem os publica, insano quem os instiga.

É risco perpendicular que te traço, pelos meandros do corpo, que depois moldo com barro fresco sobre dedos mornos. Se tu soubesses como me perco nesses contornos, entenderias melhor a forma de amar que proclamo, essa intensidade desmesurada com que vivo esta arte de te fazer amor. Não é apenas o fulgor, o grito ou gemido. Não é tão só, esse sabor agridoce dos teus lábios íntimos, que sofregamente saboreio no arquear do teu dorso em êxtase. É também o silêncio, o ângulo e o momento em que te olho, medindo a distância entre a minha vontade e a tua ânsia.

Preciso que feches os olhos, que desligues a atmosfera, para que esta não possa interferir entre a minha vontade e o teu sentir, entre os teus poros arrepiados e o salivar do meu corpo. Preciso desse vácuo imaculado, entre nós, para que tudo seja próximo, intimista e perfeitamente sentido. Sem desculpas para o calor ou frio, para o ruído, a luz ou a escuridão que não deixam de nós brotar a imaginação. Bem sei que a arte é acto de sublimação, uma loucura em expansão, a eterna persecução dessa famigerada perfeição, que é, afinal, utópica, mas que sem ela, deixaríamos de sonhar, deixaríamos de amar, da forma profunda como nos amamos.

Escrevo, na curvatura da letra o detalhe cintado do teu corpo já molhado, como se o prazer pudesse escorrer-me dos dedos, nascente ardente de todas as minhas vontades. Sabes que dedilhar-te é como criar-te à semelhança do meu desejo, do fogo e do lampejo que vislumbro nos teus olhos semicerrados, nos teus beijos encharcados de prazer. Ouve o meu sussurro, um murmúrio que se propaga pela fenda estreita do teu vértice de mulher, esse, onde nasce o mundo e que adoro beijar, lamber. Depois, diz-me nas vagas dos teus gemidos como é sentir-me assim dizendo-te dentro todas as palavras que te escrevo, com o fogo do meu ventre roçando o teu, como a caneta que irrompe sobre o papel imaculado da tua pele, como vinho que se derrama na tua boca entreaberta de luxúria. É nestas penumbra que assolo as sombras, assusto as luzes e afago as chamas das velas que em cera quente se derretem como o teu corpo, chocolate quente nos lábios ardentes de quem te devora. Teu rosto cora, ao passar sobre a tangente angular da minha anca, procurando em desatino a vontade de quem ama e perde os sentidos no delírio que é provar a escrita, beber a tinta desta pena que te escreve.

Será desespero no detalhe, o sintomático sentir de que o chão falta ao corpo, como a alma foge dos sentidos? Esta incomensurável vontade de sentir mais profundo, de degustar mais intensamente tudo o que rodeia a paixão pela beleza dum corpo nu, despido pela mulher que te veste. Grito, numa insana loucura, para dentro do infinito espaço que me constitui, procurando em cada sombra, um desejo, em cada curvatura o pormenor da luxúria que compõe cada pedaço de ti. Este fogo que me queima profundamente, dilacera-me, estilhaçando-me como se fosse de vidro feito, disseminando a minha luxúria pelo teu corpo, como as gotas de suor que resvalam na volúpia da tua existência. Salva-me, incendiando o meu corpo, transformando em cinzas este delirante imaginário que me devora, como devoro eu a tua pele despida.

Vem, ensina-me como derreter-te entre meus dedos, para depois poder beber-te em salpicos de mar salgado nos meus lábios insanos, com sede da tua lava incandescente em mim. Ardo, por entre esta chuva de prata, pela rosa que escondem as tuas pernas cruzadas, que se abrem como os portões da devassidão para meu eterno devaneio. Vem, afoga-me em ti como se fosse náufrago do teu oceano de fluidos quentes, como se me alimentasse da tua carne fresca.

Arquitecto-te as formas, polindo suavemente a curvatura da pele que em radiância ilumina o quarto. Descrevo os sinais, marcas indeléveis que traço ao deslizar pelo corpo nu, resvalando com os sentidos que confluem nesse delta onde o rio dos nossos prazeres desagua. Esta crispação que se gera ao passar da minha língua, é reflexo de apuradas vontades de seres minha, como deseja o pássaro o ar, como anseia o náufrago pelo bote.

Encontra-me, neste mar de delírios, onde o devaneio é nota de música quebrando a monotonia da atmosfera que nos abraça. Envolve-me, como se fosse teu corpo água, meu fôlego, meu vento, que se mesclam na espuma duma onda que se espraia.

Canta-me ao ouvido, o tango que os corpos despidos dançam já sobre o cetim dos lençóis perdidos, amarrotados, vencidos pelos dançarinos que se agigantam em passos longos, beijos compridos, verdades que as bocas ávidas, selam com sopros de amores-perfeitos.

ão sei se pressentes a aproximação do meu corpo, o calor que emana quando pára a um milímetro da tua pele, como a cinética faz fluir a electrizante atracção de se unir, um ao outro, nesta forma delicada de roçar o teu corpo. Sentes a minha língua contornar a curvatura suave dos teus seios, como pincel que deposita a aguarela sobre o branco imaculado da folha? Esse reflexo instintivo que faz com que os teus mamilos fiquem erectos, num acto incontrolável de vontade, assinalando ali, a extremidade do teu mais profundo sentir. Traço com a ponta do meu dedo o rebordo que une teu seio ao corpo, procurando conhecer-te completamente, no que é visível, mas também o que é impossível perscrutar quando a gravidade o esconde debaixo do nosso olhar. Sente a marca da minha mão, quando os dedos desbotam suavemente o matizado, criando a sombra das protuberâncias do teu corpo, que sombreia a pele suave que agora acaricio com o meu desejo. Este misto de desenho a carvão, aguarela e emoção, é a arte de te amar, de te desenhar como se não existisses, como se fosses apenas modelo da minha imaginação, contudo, tão presente na minha frente que faço do Inverno absoluto calor de Verão.

Dir-me-ás "-São apenas letras, descrições de utopias e ilusões!", mas, tu sabes, sabes bem, que nesta amalgama de quimeras, de sonhos em espera, o teu corpo me sente, em ti presente, possuindo-te inteiramente. Sentes, não sentes?

Se é no fogo que nasce esta ebulição, agita-se o sangue, persegue-se a ilusão, rendo-me, submeto-me ao vício, desperto pelo mais leve indício de prazer que veste teu corpo a arder. Por isso tudo isto é como um vento quente, que sobe pelas chaminés do meu ser, incendiando-se no hálito, beijo intenso, voluptuoso abraço, afago terno e tenebroso a quem não chega só a pele, requer o que sob ela se esconde, nesse recanto quase incólume. A língua perscruta o teu interior, ávida exploradora, sonha com encontrar a caixa de Pandora para a abrir e revelar-te ao espírito em frenesim da fogueira dos meus sentidos. Há-de consumir-se em prazenteiras labaredas todo este vício, este desatino que jorra como lava dum vulcão no centro desta paixão, haverás de sentir os meus dedos resvalar pelos secretos espaços da tua eterna sensibilidade e gritarás cada verso dum poema por declamar, na atmosfera inundada de luz e perfumes de corpos emaranhados e rituais há muito celebrados na alegoria deste amor que acendemos.

ivago sobre a tua pele, como derivam as correntes oceânicas nesse imenso fluir que é o sangue que escorre quente pelas veias do teu porvir. O movimento é imprescindível ao tacto, sem ele a dormência apodera-se dos sentires e perdemos o instante, o prazer alucinante de roçar os corpos, de absorver as efervescências que salgam os poros e nos aportam aquela demência saudável que nos inebria.

Depois, o som, o ar aquecido pelo frémito, a oscilação quase tenebrosa dos corpos que em vagas chocam com a rocha molhada deste vulcão já em erupção. Sente, profundamente, como mergulho de olhos abertos no lago profundo do teu desejo, como resvalo pelas paredes húmidas da tua existência, tocando-te por dentro a sensibilidade de que és feita. Isso, arrepia-te como se fosse o frio que te provocasse, e não esta inundação agridoce de moléculas que derramo no cálice sagrado do teu corpo.

Sem a cadência certa, a melodia perde a sensualidade e os corpos a harmonia de serem plenamente satisfeitos com o sal, o suor e o devaneio dos amantes, que bailam ao som do silêncio, nesta música que apenas toca na nossa perfusão.

É já madrugada e a Noite ainda se deita nos lençóis amarrotados do nosso desejo. Ávida a língua percorre-te os lábios, saboreando o tacto, envolvendo a penumbra numa melodia de afagos. Diáfanos segredos pairam sobre o leito mergulhado na penumbra, agitando os dedos como correntes de ar que se propagam pela pele despida da tua silhueta. Somos muito mais que corpos enlaçados, embebidos na atmosfera perfumada que preenche o lusco-fusco deste quarto onde a escuridão é utopia e o Amor, frémito que esvoaça sobre a perfeição duma obra de arte construída com a emoção que nos nasce da Alma. Ouve os meus murmúrios, eles são declamações poéticas do teu corpo nu, do teu ventre macio que roça o meu como uma nuvem no céu azul. Olha-me, na profundidade dos meus olhos e percebe que todo o meu prazer é reflexo do teu gozo, do teu vício, da tua entrega, nesse gemido que reverbera na íntima efusão da nossa existência.

Podes achar que é quimera, ilusão ou sonho, pode parecer-te tentação, fogo ou premonição, mas, sabes que é real este toque, este Amor, este fulgor que num abraço nos une e num grito de prazer nos inunda. Sente-me!

curva a minha visão sobre o arco despido do teu seio nu, essa linha estonteante onde termina o horizonte do meu olhar e começa o arrepiar do teu desejo de ser, em mim mulher, fogo e luxúria. Essa fome de querer com meus dedos descrever essa arquitectura pura e cristalina da tua nudez, faz-me ser criador de inúmeras sensações, faz-me querer tocar-te o sentimento, por dentro, nesse lugar escondido dum corpo em frémito.

Ouve o silêncio, nele encontrarás os gemido das minhas mãos, quando contornam a tua perfeição e esculpem delicados momentos de êxtase na tua pele. Esse nu, sem pudor que me entregas, é um corpo já desenhado pelo maior escultor, eu, neste instante, sou apenas aprendiz de todas as vontades, de tudo aquilo que é em ti sentido, reflectido num rosto extasiado pela loucura de ser assim, tão profundamente amado.

Nesta corrente de insaciedade, a agitação escreveu em nós a necessidade de completar o mistério, este encaixe perfeito que me fez em ti homem, e te fez em mim desejo, arduamente perfeito, deliciosamente inteiro, como só eu te sinto.

A penumbra marca-te o corpo nu como tatuagem indelével do desejo, neste silêncio que a Noite me oferece, olho-te, cobiço o prazer de tocar-te com a ponta dos dedos, de molhar-te com ápice da língua. Resisto ao contorno que a luz parda incendeia, vem aí o dia, e com ele a fogosidade do teu despertar entre sedas amarrotadas e cabelos soltos ao sabor dos sonhos. Espero-te, pacientemente, como quem sabe degustar o momento, retendo-o, adiando-o por mais um instante, segurando a vontade de tomar-te nos braços, encaixar-te e tocar-te em desatino numa melodia gemida de ondulações e silêncios musicais que só os corpos em uníssono sabem tocar.

Abro-te, como se possuísse a chave que enclausura o teu ventre molhado, desdobro as pregas que são as portas do teu sexo, para descobrir nele a janela que penetro. Desenhas um arco com teu dorso, permitindo-me resvalar profundamente no teu mundo, as mãos desgovernadas procuram agarrar-me desenfreadamente, puxando-me contra ti numa contracção brutal de luxúria. A boca mostra-se, húmida, de lábios em riste, avançando na direcção do meu peito despido, absorvendo todo o sentido e preenchendo-me da tua cálida e doce saliva, construindo o caminho que te leva aos meus lábios expectantes. Beijas-me e encerras o ciclo mordendo-me suavemente a boca, truncando-me os movimentos e estonteando-me a Alma, num orgasmo cósmico, vestes-me com o teu mar, e abraças-me com o teu vento.

Não consigo encontrar as letras que contenham a curvatura certa da tua silhueta.

Pensei usar um S para descrever a curva e contracurva das tuas ancas, mas pareceu-me pouco detalhado para dizer de tanto prazer em ti acumulado. Pensei transformar um B, fazendo-o rodar sobre si mesmo para desenhar as formas dos teus seios, mas pareceu-me excessivamente simétrico, para toda a assimetria do teu encantamento. Teria usado um Y para definir o encontro das tuas pernas com o delta do teu prazer, contudo achei que não podia ser, porque seria excessivamente impessoal, pouco profundo, demasiado virtual. Então decidi deitar-me sobre ti, como o escultor se debruça sobre o material a esculpir, com meus dedos medir milimetricamente o teu prazer, com a minha língua saborear o gosto agridoce da tua pele, e com os meus olhos apreciar o sombreado que o lusco-fusco imprime aos arredondados recantos de ti. Só assim consegui definir a tua beleza, só assim encontrei em ti a essência da Mulher que perfumada de cio, se entrega para saciar o estio do meu deserto, neste insano fogo de desejo em que docemente ardo.

vanescente é o instante em que os lábios se cruzam no vazio espaço entre os corpos. A seda que te despe o corpo escorrega-me pelas mãos trémulas como se fosse feita de areia fina dum deserto por descobrir. Este encontro às cegas, em que os sentidos imperam e a novidade se despe juntamente com a ansiedade de reencontrar a pele macia que te envolve, é apogeu duma eternidade feita de sabores e cheiro, de vontades e delírios. Se ao menos soubesses quem sou, quiçá colapsasse sobre meus dedos como chuva miudinha, regando as flores deste jardim secreto que em luxuriosas flores te espera. Mas somos completamente estranhos, corpos e Almas infinitamente distantes, numa rota de colisão que nos fará incendiar a qualquer instante. Deixa que te solte desse último botão que te prende, cai no abismo da tentação e preenche-me como os fluidos do teu êxtase, sufoca-me com o vento quente da tua envolvência e mata-me com o delírio das tuas vontades.

ergulho, no intrincado estreito do teu decote, resvalando, molhando com a língua este ambíguo desejo de descobrir o teu segredo. Quero saber de que cor se vestem os pináculos das tuas catedrais, como se arrepia a pele suave na curvatura da gravidade que encosta as montanhas à terra firme do teu corpo. Quero ver-te de outros ângulos, impossíveis de traçar com o lápis da imaginação, essas sombras que abraçam contornos e deixam sem decoro o mais puro dos anjos.

Como não desejar este salto, ao abismo idolatrado, comprimido, rasgado entre sedas apertadas e lingeries desapertadas por mãos cegas cheias de anseios e loucuras para desenhar, logo ali, na folha ávida da tua cintura todas as silhuetas que a contra-luz me ilumina? Quero conter-me, ser timidamente perfeito, mas perante tamanho arrojo, sou impelido para este inferno gostoso de te despir de preconceitos e fazer do teu nu, meu desenho mais perfeito.

Loucura! Dirás. Desafio e efusão, que esta minha exaltação é já cárcere da minha ilusão, onde todas as dores são pesares, e todos os secretos são por desvendar esse teu corpo escondido debaixo do mais belo e cingido tecido.

Que dizer deste jogo de sedução, desta tomada, desta invasão consentida, provada e aprovada entre possuir e ser possuída, entre a abrupta investida e a correspondente absorção? Nada, apenas contemplar como o fogo é total erupção, o desejo total entrega e o vício de se ter, exactamente proporcional ao tesão de fazer acontecer um momento que embora pareça pura punição, nada mais é que um antevisão do que vai ser, êxtase.

Deveria eu punir o prazer, o sentir, o ser, porque este tem devaneios e não são meus? Teria de o fazer com a brutalidade de quem partilha ao invés de ser egoísta, tentaria sempre mostrar-te que o meu amor, sim amor, aquele que se faz usando os sexos, é bem melhor, dá-te maior gozo e faz-te vir muito mais vezes que outro qualquer, ao invés de deixar-te de pernas abertas, inundada de um prazer que foi apenas meu. Até poderia ser um acto brutalmente selvático, impulsivo, desproporcionado, em qualquer sítio, mas teria de provar-te que comigo o gozo, o teu gozo, é um rio que escorre continuo e não apenas uma ausência de. Poderei deixar-te na expectativa, esperando e alimentando o teu orgasmo enquanto esperas que o meu sémen corra dentro de ti, mas não te deixaria com fome, saciar-te-ei de tal forma que quando pensares beber um copo com outro alguém, te lembres de quem te preenche todos os fluidos do teu corpo, eu!

Esta contracurva que forma a anca com a tua cintura é quase obra poética, um incomensurável êxtase que me proporciona delírios ao olhar-te, ao tocar levemente essa curvatura repleta de sombras, onde o arrepio é vezes sem conta reflexo nos dedos que te contornam. Depois, daí até às planuras de pele suave do teu ventre é uma viagem que a língua molhada gosta de fazer, percorrendo languidamente o prazer que subcutaneamente escorre já nas profundezas do teu corpo. É isso que procuro, que estimulo, ao tocar-te com a placidez do meu vício, com esta loucura insanável de quem idolatra o teu perfil, a silhueta exposta da tua nudez por descobrir, aqui e ali. Porque as vagas intensas estão por vir, e o que temos de selvagem em nós está ainda num estado letárgico, degustamos o amor neste estágio primário de pequenos prazeres, que hão-de levar-nos a enlouquecer e a precipitar-nos ao abismo da sexualidade sem regras, despudoradamente intensa e incontida onde todas as loucuras são permitidas para atingir o apogeu do momento, onde a fusão dos fluidos é já orgasmo.

izer sobre a essência da pele sem a tocar é querer criar o Paraíso sem ter lá vivido. Pergunto-me tantas vezes se haverá palavras que descrevam com o detalhe preciso o delírio de percorrer com as pontas dos dedos os sulcos suaves duma pele em desvario. Será possível que as minhas mãos viagem pelo espaço-tempo como sopros de vento de encontro ao desnudo corpo teu? Só posso estar louco ao querer recriar a minha presença, feita de letras e demência sobre o teu corpo ávido de ser lido pelo olhar presente do meu corpo despido.

Mas, quando te olho, desta janela indiscreta onde me sento, onde te observo, como vil voyeur que se debruça sobre varanda alheia, descubro-te a verdadeira inocência dos sentidos, o real fulgor que esta brisa que sou, acorda nos poros eriçados do teu corpo nu. Fazes-me acreditar que viajo pelo espaço à velocidade da luz, como cometa rasgando a fogo teu desejo proibido, cravando-me dentro de ti e abrindo de par em par a cratera da tua luxúria. Será possível esta intimidade que, sendo já saudade, é igualmente magia, que faz da noite o nosso dia e implode todos os conceitos de amor que nos querem impor.

Depois tudo acontece numa fracção de segundos, um gemido, um revirar de olhos e todos os conceitos espalhados pelo chão, com a lava incandescente que surge do vulcão... Aconteceu, entre respirações ofegantes, declarações de amantes que nesta incongruência cósmica se amam, de corpo e alma apesar de todas as distâncias.

Magnificente nudez, debruada a cetim, curvas que enleiam o meu olhar, que acordam em mim a voraz vontade de me entregar à descoberta do teu prazer. Haverá algo mais a esconder? Pergunto-me, como pode a luz tocar-te com a suavidade duma pena e ainda assim ressaltar tanta luxúria, tanta ansiedade de possuir cada pedaço da tua beleza. Sabes que me tentas, em poses enigmáticas, que confundem os meus sentidos, serás amor ou apenas perdição? Serás fogo-fátuo ou ilusão? Não sei, mas perante este convite, esta inusitada provocação, cedo, mergulho no inferno quente do teu ventre, onde solto o frenesim dum corpo ávido de entrar dentro de ti.

Terei de sucumbir ao vício curvilíneo que todos os silêncios detalham, que todo o frenesim agita, vibrante, num ar carregado de perfumes de cio, de vontades inconfessadas, de estio? O que me sustenta? O que me segura? Que fios invisíveis são estes que não me deixam, por vezes, deitar-te as minhas garras, afiadas como letras, suaves como frases tatuadas no teu ventre? Será o equilíbrio? Esta forma ambígua de ser tudo, quase nada e vazio ao mesmo tempo? Esta sede que, de certa forma, me escorre como saliva da boca de predador faminto? Dá-me! Dá-me tudo o que possuis dentro, o fogo, o frio, o frémito, o teu melhor néctar, o teu mais agrido fel, que em minha boca quero beber, veneno, vício e mel do teu corpo maduro de ser.

Não importa morrer! Fenecer na sombra da tua dependência, nesta droga que inalas e sufocas, neste corpo que come em solavancos o meu. Será sempre prazer, tudo o que de mim absorveres, até secar-me a pele, e a alma se diluir na última gota de vida que em ti deixo perder.

A trigonometria dos corpos incita-nos a traçar trajectórias arqueadas, linhas desenhadas com as pontas dos dedos que em delírios mansos roçam ao de leve nas tangentes mais aproximadas que já sentimos. Esta cumplicidade caótica, em que as linhas deixam de ser rectas para se contornarem em abusados ângulos, extasiam o prazer da descoberta de perspectivas inimagináveis. Os olhos fazem o equilíbrio ser um risco que percorre todo o deleite da visão horizontal, onde a planura oscila em vagas pequenas de pele. Ao longe tudo se eleva, contornado pelos poros que em arrepio excitam pináculos de catedrais imaginárias que roçam as línguas molhadas pelo orvalho da manhã. Esta partilha, entre o lápis dos meus dedos e o papel do teu corpo cria uma obra de arte, que do nada toma formas tridimensionais, erguendo-se livre, no corpo aberto do teu amor. É inevitável esta loucura, esta forma pura de fazer amor no teu corpo, onde sou arquitecto e tu projecto, onde tu me arrebatas e eu mergulho de olhos fechados.

Parte II

Da sexualidade

Os próximos textos são desaconselhados a pessoas mais sensíveis, pois usam linguagem menos formal de carácter sexual.

São textos dum projecto antigo que estavam guardados, não tinha intenção de os publicar em virtude de não fazerem parte do meu estilo habitual de escrita, pela sua rudez crua e assexuada, demasiado explícitos para quem está habituado à minha forma de escrever, contudo, é um tipo de literatura que começa a surgir muito actualmente, achei por isso que seria no final deste livro, adequado incluí-la.

Deixo portanto ao leitor a opção de fechar o livro aqui, ou, continuar a ler a próxima folha.

Para situar a leitura, esta era uma história passada na idade média, onde o personagem é um Marquês abastado e com uma peculiar tendência para a devassidão.

O teu perfume

Corro atrás do perfume do teu corpo, do desejo que deixas no rasto do tapete deste quarto semi-iluminado. Toco a tua pele que se arrepia num espasmo de prazer, escuto-te chamar pelo meu falo, queres que te devore JÁ, agora, ali mesmo sem piedade. Escuto o ritmo do teu corpo que oscila entre os meus braços que agora o envolvem. Sinto o sabor dos teus seios que agora me enchem a boca. Sinto fluir em meus dedos o mel da tua vagina que se abre para que possa penetrar-te.

Bebo dos teus lábios a tua língua húmida, e dos teus cabelos as essências que me penetram como se quisesses também tu entrar em mim. Adentro-me em teu corpo aberto, encaixando as formas à muito complementares de nossos perfis. A luxúria invade o espaço e os movimentos frenéticos mesclam-se com os gemidos intensos do prazer que se expande por todo o Universo. Querida Condessa, teu corpo é sumo que me mata a sede, tua loucura, prazer que me afoga a mágoa, e o teu perfume... o teu perfume é elixir que me alimenta o espírito.

Orgasmo

Sente-se o prazer na ponta dos lábios, como chama, como ar quente que se inflama. Sente-se a força na ponta dos dedos, desejos escondidos, contidos entre sonhos tantas vezes vividos. Percebe-se na pele a luxúria, entre pernas fechada, guardada, desflorada nas carícias que te impões. Matas a sede, com a água que te banha o corpo despido, com o mel fecundo que te jorra das entranhas, como uma fonte de vida perene.

Eu sou o olhar que na sombra te envolve, que te descobre como um estranho, que em ti penetra, profundo nas entranhas húmidas do teu corpo. Sou o prazer não saboreado pelos lábios entreabertos que esperam a língua molhada, saliva de mel que em tua boca penetra, mescla de sabores almiscarados de fulgor.

Os meus olhos seguem os dedos que afundas em teu corpo, a minha língua segue a tua quando lambes os teus lábios, e sinto o ritmo que imprimes à dança do teu ventre em ebulição. E sinto-me libertar em ti, o orgasmo lascivo que te escorre pelo corpo como lava incandescente, saciando-nos simultaneamente.

Não pares

Prendo-te as mãos, reduzindo-te a mobilidade, deixando-te dependente da minha própria vontade. Desnudo-te, deixando o teu sexo despido. Tiro a roupa, e mostro-te o meu falo. Pedes-me que te possua, rebolas-te sobre a alcova. Saudades Condessa, de te possuir assim, amarrada a mim. Saudades meu Marquês, de te ter em mim.

A boca abre-se para soltar a língua que penetra a tua vulva já húmida, prazer contido que se desprende agora num jorro único que te escorre e que eu provo com luxúria. Assento as minhas mãos frias sobre os teus seios, arrepia-se o corpo, espetam-se os mamilos sentido já o prazer que os dedos espremem. Meu pénis já erecto, procura o rumo da tua boca aberta que quer comê-lo. Sinto o calor que o abraça, a saliva que se solta deixando-o brilhante.

Minhas mãos abrem de par em par tuas nádegas, os meus dedos acariciam-te o ânus, que lubrifico com o mel da tua vagina. Penetro-te enquanto os dedos se adentram juntamente com o pénis, abrindo-te por completo, soltas um gemido, e pedes-me mais, entro, todo em ti, sinto-te espetares-te em mim como se quisesses que te trespassasse. Agitamos-nos, rebolamo-nos e sentimos em cada instante o prazer que nos queima a pele, numa azáfama inquietante que nos faz suar de prazer.

Perdemos a noção do tempo, e ignoramos por completo o lugar onde estamos, contando que estejamos metidos um no outro. Sinto o teu mel escorrer pelo meu corpo, sentes o meu esperma invadir-te as entranhas e loucamente, continuas a sentar-te em mim, como se quisesses aí ficar colada para sempre. Sem ter noção da intensidade da minha voz, grito-te que não pares, e desamarro-te as mãos para que possas beliscar-me.

Segredos

Entras despida, rosto escondido pela máscara, e encontras-me adormecido sobre a alcova. O meu semblante triste, adivinha a ausência de companhia, e o corpo despido e só ilumina-te a libido que desenha na mente mil formas de prazer.

Sinto-te o toque, a seda duma peça de roupa acabada de despir, a pele suave, sinto o calor do corpo que se roça de mansinho contra o meu, o respirar calmo que me aquece a face, e os cabelos que se arrastam levemente pelo corpo. Continuo de olhos fechados, mas ainda assim venda-los, com uma peça intima da tua roupa, perfume que inebria, suavidade que se aconchega a mim. Aceito o desafio em silêncio, e deixo-me levar para todos os lugares que quiseres, entrego-me na escuridão do olhar, ofereço-te o meu corpo ávido de prazer, e espero, adivinho cada movimento teu.

Sinto algo húmido e quente absorver o meu sexo, percebo os dedos que se espalham pelo corpo, não sei já se são apenas os teus, ou muitos mais, perco por instantes o sentido de orientação e deixo-me levar ao sabor das ondas que me invadem o pénis. Sinto o peso de um corpo sobre o meu, em simultâneo, as mãos fixam-se no peito, e o corpo move-se em sincronia com o que me pressiona, algo húmido percorre o meu pescoço e a minha boca é subitamente invadida, por um gosto quente e doce.

Escuto apenas a respiração que se altera em ciclos, perco a noção do tempo, do espaço e entrego-me por completo à dança de corpos que se enrolam uns nos outros sem entender muito bem onde estamos e quantos somos...

Com prazer

Esperas-me já despida sobre a cama, alcova de desejos, Sinto o pulsar do teu prazer, vontade, luxúria da tua carne que chama pela minha. Agarras-me pela cintura, lambendo-me o corpo, sentindo-me o gosto. Fico erecto com o toque húmido da tua língua que desenha círculos sobre a minha pele. Abres a boca à entrada do meu sexo, que sugas com sofreguidão. Estremeço ao sentir a tua língua na minha glande.

Ofereces-me a tua vulva, húmida, despida, que penetro a primeiro movimento com a minha língua sedenta. Penetro-te o ânus e a vagina com os meu dedos enquanto sorvo cada gota do teu fluído erógeno. Os corpos excitados estremecem quando a tua boca regressa ao meu falo e fechamos o circulo num perfeito 69.

Com as bocas saciadas, adentro-me em ti, por entre as tuas pernas que se sentem sobre o meu corpo. Abrasadora a tua vulva cobre-me abraçando o meu pénis com a humidade guloso do teu corpo. Os meus lábio sugam-te os mamilos e as minhas mãos cravam-se nas tuas nádegas, sentindo-te toda dentro de mim. Sinto-te arfar, gemer, enquanto teu corpo oscila sobre o meu em ritmos cada vez mais persistentes, mais intensos e profundo, este prazer prolongado que ambos controlamos, alonga-se até os corpos exaustos se renderem num último espasmos, comprimindo-se os corpos num orgasmo simultâneo que nos consome as últimas forças.

Teu corpo cai sobre o meu e deixamo-nos ficar, saboreando os últimos instantes de um prolongado prazer.

Sem preconceitos

Vens sobre a alcova de joelhos procurando o prazer do meu corpo que te espera, teu sexo despido de todos os preconceitos abre-se completamente para me receber e assim sem qualquer preparação afundas-te em mim. Soltas os cabelos longos e com eles um grito surdo desprende-se dos teus lábios, reflexo do prazer que sentes quando te penetro.

Estremeço ao sentir o calor húmido da tua vulva e o corpo responde com suaves movimentos em direcção ao teu corpo. Rebolo sobre ti, possuindo-te agora por cima, comandando os movimentos e a profundidade com que meto em ti. A boca cola-se aos teus seios que se empinam no ar como antenas, sugo-te, como se quisesse beber-te o corpo num só gole.

Rolas sobre ti e ofereces-me o teu ânus que suavemente penetro, levando-te a soltar um gemido amplo e profundo, minhas mãos cravam-se agora nas tuas nádegas, como se quisesse segurar-te forte-mente, como se necessitasse atravessar-te o corpo de uma ponta à outra. Volto à tua vulva para terminar este acto selvático, penetrando-te agora num ritmo louco, fazendo com que teus seios bamboleiem freneticamente, soltamos o gemido final em simultâneo, quando teu corpo se contorce e o meu se estende, imobilizando-se por completo. Caio sobre ti, completamente saciado e tu, sentes-me adormecer dentro de ti.

Cavalgada

Hoje quero que te sentes sobre mim, me cavalgues em grande estilo. Quero preencher-te as entranhas, sentir-te galopar em movimentos ritmados. Quero que o teu suco escorra pelo meu corpo enquanto meu falo te trespassa, qual sela roçando-te a vulva. Hoje quero-te, aqui, em plena estrebaria, no meio desta palha, imersa nestes odores campestres. Quero-te freneticamente, num trote compassado, quero sentir os teus cabelos à deriva e a tua pele arrepiada pelo tesão da tua libido enquanto o teu corpo escorrega sobre o meu.

Quero saborear o teu suor, sentir o teu cheiro de mulher, provar os teus fluídos quando te vens sobre a minha boca, hoje minha Condessa quero sentir o teu ventre que se comprime sobre o meu peito, quando devoras a última gota do meu sémen.

Quero que adormeças depois, exausta sobre mim, como corolário de um instante de perdição, uma cavalgada de loucuras.

Entre papeis

Não resisto à tentação de devorar-te por entre os papeis caídos no chão. O teu corpo fresco, mesclado com os aromas da tinta que agora se espalha pela secretária, abre-me apetites da libido. Convidas-me, com tuas pernas entreabertas a penetrar-te, enquanto as tuas mãos se encarregam de de desnudar o corpo. Teus dedos percorrem-me a uma velocidade estonteante, procurando alcançar o meu sexo.

Sacias-te ao encontrá-lo, engolindo-o com sofreguidão. O tesão trespassa-te a pele que se arrepia a cada movimento meu. Meus dedos afundados em teu cabelo seguram com firmeza a tua cabeça, para que o balancear do meu corpo te penetre a boca húmida, quente. Lambes-me o umbigo, e deixas para trás uma estrada de saliva enquanto te elevas pelo meu peito. Dou-te de beber da minha boca, quando a minha língua se enrola na tua. Em qualquer lugar deste escritório haverá um instante de prazer, um sítio onde te comer. Entro em ti, com a força da tormenta para te sentir com a intensidade do trovão. Soltas um grito, êxtase, loucura, tuas unhas cravam-se em minhas costas e entrego-te o meu falo em toda a sua extensão, até já não poder mais.

No chão ofereces-te numa posição diferente e pedes-me que te devore por trás, abrindo-te completamente. Sinto que te invado, que te exploro as entranhas num instante intenso de sexo puro, e gemes, do prazer, e sinto-te apertando-me bem dentro de ti. Oscilas, bamboleias, encostas o teu corpo contra o meu, sinto que se aproxima o climax, os meus dedos cravam-se em tuas nádegas e num último grito, explodimos de prazer, ali, naquela cama improvisada, entre decretos e leis. Invado-te com a tinta da vida, e tu abraças-me com o prazer da carne.

Emmanuelle

Descubro-te por detrás duma cortina, olhar revolto no prazer que te queima a ponta dos dedos, corpo quase despido, sentada no chão de pernas abertas, dedos penetrando-te para dar gozo à libido. Apercebes-te da minha presença, tentas disfarçar, até conseguires perceber quem eu sou, depois, recomposta, recordas-te da minha promessa de te saciar o corpo e ofereces-me a mão, húmida dos teus fluidos para que te prove. Pego em teu corpo, que carrego até encontrar um lugar mais amplo, e mesmo ali, no meio do chão, sobre a alcatifa, entrego-te o meu membro para que o acolhas entre lábios. Meus dedos tomam o lugar outrora ocupado pelos teus, e deixo-os resvalar, no mel do teu corpo, acariciando-te as entranhas como se desfolha uma flor. Tu, absorves cada movimento do meu falo, sugando-o, lambendo-o, deixando hirto.

Deixo-me ficar deitado no chão, enquanto trepas pelo meu corpo, para te sentares em mim e cavalgares o meu pénis, teus seios roliços elevam-se, chamando-me para que chupe os teus mamilos, e todo o meu corpo se enterra em ti, sentindo os lábios da tua vagina abraçarem-me por completo, enquanto te devoro a pele rósea e suave. Revelas-me pela primeira vez o teu nome, num grito abafado de prazer, Emmanuelleeeeee.......

Real 69

Recebo a minha Baronesa em pleno sofá, recostado no requinte do veludo, de corpo desnudo. Sou rei em meu próprio trono e a beleza aproxima-se, descalça, despida de todos e quaisquer preconceitos. Sobes, com a tua língua pelas minhas pernas, criando nelas um caminho de perdição, um rasto de mel que se solta da tua boca. Arrepia-se-me a pele pelo toque suave quando encontras o falo já erecto que marca o centro do meu corpo. Abraça-lo, com os lábios ardentes, chupando cada pedaço, degustando-o num movimento lento. Cresce o ritmo com o prazer que me ofereces, giras sobre o meu centro gravítico e dás-me o teu corpo que recebo já com a boca sedente do teu sexo. Minha língua percorre-te estimulando toda a envolvente da tua vulva, enquanto meus dedos abrem a porta do teu corpo, que arde já no prazer que sentes ao devorar o meu. Entrego-me definitivamente a esta inversão de corpos, bebendo do teu néctar enquanto me adentro no teu corpo saciando os teus desejos.

Desces a tua vagina molhada pelo meu peito abaixo, marcando-o com os sucos agri-doces do teu âmago, procurando enterrares-me em ti, sentir-me completamente encaixado em ti como as peças de um puzzle.

O teu corpo vibra a cada estocada, e os meus olhos fecham-se para absorver melhor o prazer quente, escaldante do teu corpo a cavalgar o meu. Teus cabelos longos, esvoaçam ao ritmo dos movimentos, chegando a tocar-me a face suada, meus dedos espremem-te os mamilos erectos fazendo-te gemer de luxúria, soltam-se as vozes, para despertar os mais desatentos, para chamar a atenção dos voyeurs, que embrenhados em outros prazeres, se concentram agora em nós.

Prazer

Os acordes espalham-se pelo ar, os corpos, mulheres despidas em pura lascívia entregam-se, mesclando os sabores, os perfumes e as próprias essências ardentes do prazer. Toco, deslizando o arco sobre as cordas, que vibram como se lhes tocasse com os dedos. A melodia ganha vida própria e permite-me parar sem que a música deixe de soar. Entrego o corpo despido ao sofá e abandono-o, desprovido de roupas, esperando que por entre todos os voyeures que se espalham pelo quarto, alguma dama o venha reclamar...

Entretanto a libido alimenta-se do prazer da imaginação, recria para a mente o cenário, coloca as actrizes em posição e dirige-me. Ali mesmo, naquele sonho, encontro-a, esbelta, de curvas estonteantes, cabelos longos, a sua pele chama-me e toco-lhe o corpo nu. Sinto o arrepio que o prazer do meu toque lhe provoca e o calor do seu corpo já se sente ao colar-se no meu. Bebo-lhe a boca húmida, quente. A língua desloca-se, corpo abaixo por entre concavidades e saliência, numa dança suave. As mãos, os dedos, qual lápis percorrem a superfície escrevendo o prazer em cada toque, adentrando-se na intimidade de sua pernas para descobrir o prazer guardado a sete chaves que a sua vulva esconde.

Caminho aberto, entrego-lhe meu falo, para que o saboreie, deixando-o molhado, com o mel doce dos seus lábios, indicando-lhe, conduzindo-o depois para dentro de si. Estremeço ao sentir o calor do seu corpo abraçar o meu pénis, deslizo para dentro dela, e escuto-a no meu ouvido, gemido suave de quem sente o verdadeiro prazer de estar viva...

Ao sabor da música

Do quarto consigo escutar a água que escorre por teu corpo abaixo, os teus gemidos de prazer quando a esponja toca as tuas partes mais íntimas. Acendo as velas que espalho pelo quarto, sobre a cama desfolho pétalas de rosas brancas, que contrastam com o carmim dos lençóis acabados de mudar. Indico ao violinista que se coloque à direita do leito, dali o som será mais forte e o próprio músico terá uma vista privilegiada sobre a alcova. Sigo para o quarto de banho. No centro, encontro-te recostada na banheira, deixo cair a última peça de roupa e vou, de mãos gentis, massajar-te os ombros. Ao sentires-me não te surpreendes e adivinhas-me pelo odor da minha pele. As mão descem para os seios rijos pelo prazer que já te davas. Elevas-te para me receber e ali, bem no centro daquela banheira, levantas a tua perna para que te possa penetrar.

Sentamo-nos, tu sobre mim, sem nunca te desligares, e continuamos, começa a escutar-se a melodia que vem do quarto, ficas surpresa, mas o prazer prende-te ainda ali, ao momento. Convido-te a continuarmos na alcova, assim mesmo, corpos molhados, perfumados pelos óleos essenciais, carrego-te no colo, enquanto te beijo, transpondo a porta que separa as duas habitações, a música torna-se intensa. Ao ver-nos o músico estremece e tu, sorris-te, agradavelmente surpreendida por te ter oferecido este presente.

Largo-te sobre a cama, tu, agarras-me para me lamberes, chupando-me intensamente. As tuas pernas abertas, escancaram-se para o violinista. Faço-te girar para te penetrar por trás, deixando-te frente a frente com o violino e o seu utilizador, gemes quando me adentro, primeiro na macia e quente vulva, depois, por trás, no apertado ânus, fazendo-te gemer mais alto e deixando o nosso músico completamente louco, quando o olhas nos olhos e o chamas para se nos juntar...

Dois em uma

Perante o desinteresse da Condessa, e deixando a Baronesa satisfeita sobre a cama, procuro por entre as cortinas a camareira que gosta de espreitar a alcova. Não está, terá ido para o estábulo? Assim mesmo sem roupas percorro o caminho que me separa da cavalariça. Vejo aproximar-se o Cavaleiro, largando as latas ainda montado em seu cavalo, a Condessa espera-o na porta, completamente enlouquecida de prazer. Olho pela janela e vejo no primeiro andar, envoltos num monte de palha a Camareira e o Moço de estrebaria em plena cavalgada.

Entro, antes mesmo que a Condessa e o Cavaleiro me vejam, subo as escadas e surpreendo o casal de serviçais, ele deitado e ela sobre ele. Chego e logo me preparo para adentrar-me por detrás da camareira que ao ver-me se sorri e se dispõe a deixar-me entrar. O corpo suado cola-se ao meu, e sinto o calor interior invadir-me devagar o sexo, ela geme ao sentir-se duplamente invadida, mas gosta, o corpo estremesse-lhe e ali, entalada entre dois homens, extasia, sente-se completamente preenchida e solta um grito contido quando é plenamente penetrada.

As minhas mãos agarram-lhe firmemente os seios que se baloiçam no ritmo das investidas de um e de outro, e ela arfa, abraçada na luxúria, derrentendo-se em múltiplos espasmos de prazer.

Querida Baronesa

Exaustas que estão Condessa e Camareira, e depois duma pausa merecida, eis-me de novo pronto para me acostar. Passeio-me entre os voyeurs e estendo a mão à Baronesa que ali, de pé, cheia de calor, me aguarda ansiosamente. Com o espartilho semi-desabotoado à causa de tanta emoção, dedico-me a abrir-lhe os restantes botões, enquanto a minha língua lhe escorre já pelo pescoço. Sinto em ti o sabor acre do perfume, absorvo a essência, que mesclada no tom canela da tua pele me sabe a especiarias finas.

Segues-me até ao centro do quarto, já de peitos desnudos, e com os saiotes a caírem-te pelas pernas, fica-te simplesmente sobre a pele o cinto de ligas que te segura delicadamente as meias, sento-me, no rebordo da alcova, esperando que o fluido adocicado te resvale pelos seios, para que seja por mim bebido, qual néctar divino, elixir que alimenta a libido. Minhas mãos, desenham-te os contornos, seguindo por entre tuas pernas ao encontro do centro do teu corpo, e, sem pudores, procuram penetrar-te, sentindo-te o calor húmido que libertas.

Por um instante, desfaleces e cais sobre mim, deixando-te penetrar profundamente, suspiramos, em simultâneo, num acto de libertação, num alívio. Sinto-te, ardente em mim, tombo para a cama e tu, agitas o corpo, como se montasses um cavalo, a passo, na suavidade do prazer, depois aceleras os movimentos num trote compassado que me deixa louco, por fim, galopas a uma velocidade estonteante, agarro-me fortemente às tuas coxas e sinto a vibração do teu sangue que te corre velozmente dentro do corpo, corpo, que se agita qual bandeira ao vento forte da tempestade, e me excita mais e mais... mais e mais... muito mais... quero mais...

A(o) som do Silêncio

Os teus olhos chamam por mim, sinto-os percorrer-me as costas despidas, enquanto me entrego aos desejos de satisfação da camareira. Sinto-te, como se me abraçasses pelas costas, enquanto o meu corpo balança ao ritmo de outro corpo. Não resisto e após inundá-la, deixo a ficar, a repousar sobre a alcova, e avanço em tua direcção. Estás sentada, no silêncio perturbado deste quarto, escuto o teu som, um clamor, um calor, que vem de dentro. A teu lado a Condessa enlaça o Cavaleiro.

Estendo-te a mão afastando-te o cabelo da cara, ajoelho a teus pés minha duquesa do silêncio. Sinto-te estremecer, um arrepio incontido de prazer. Beijo-te o pescoço suavemente, enquanto minhas mão se perdem por todo o teu corpo, tentando desesperadamente tocar a tua pele. Arde-te o corpo que atiça o calor do meu, os teus olhos reviram-se nas orbitas e o pescoço permite-se deixar tombar a cabeça num acto contido de lascívia...

Para a Duquesa do silêncio, com o som mudo de um beijo quente

Profusão

Afasto a cortina, descubro-te, semi-desnuda, encostada à parede, mãos ardentes penetrando-te, o rosto reflete o prazer de quem olha, o corpo oscila ao ritmo do êxtase que sentes. Agarro-te, ali mesmo, ao longe, na outra extremidade do quarto, a condessa estende-se sobre a "chaise long", acariciando-te profundamente. Sentes-me o calor do corpo e soltas as mãos que instintivamente se colam ao meu sexo, tentas logo ali encaminhá-lo, para que substitua os dedos ainda húmidos que acabaste de retirar.

Deixo-me ir, penetro-te, com intensidade, contra a parede, as minhas mãos elevam-te as pernas que me abraçam o corpo, gemes, profundamente, um grito solto de prazer contido. Invisto novamente, os corpos esbarram contra os limites do quarto e sinto as tuas mãos cravarem-se nas minhas costas. Não resisto em levar-te assim, trespassada, em mim, para o centro do palco, para que a condessa possa desfrutar plenamente do prazer que lhe damos ao devorar-nos. Caímos sobre a alcova ainda quente dos corpos que ali estiveram minutos antes num rebuliço de prazer.

As tuas pernas envolvem-me agora o pescoço, deixando-me entrar completamente até ao paraíso das tuas entranhas. Pelo canto do olho vislumbro a condessa que se agita freneticamente sobre o leito improvisado, e tu, soltas os lábios num sonoro rasgo de luxúria que trespassa as paredes do quarto, estremecendo os corpos de todos aqueles que nos assistem, escondidos na penumbra desta alcova...

Palco do desejo

O quarto transformou-se agora numa sala imensa, a cama o centro, o palco, onde encontro abraçadas a condessa e a camareira, que me sorriem e me chamam. Atravesso a multidão de voyeurs, desprendendo-me das roupas. As vossas mãos puxam-me o corpo já despido e entrego-me à luxúria que me oferecem. A minha língua percorre-vos o corpo procurando a porta do desejo. Vossas mãos afagam-me as partes mais íntimas do corpo...

...os olhares de quem nos observa tornam-se pequenas chamas acesas no meio da gente. Uma mulher de curvas suaves insinua-se, olha-me profundamente enquanto a minha língua se perde no ventre da camareira, faço-lhe um sinal com o olhar e ela contorce-se. Abeiro-me da cama, estendo-lhe a mão num inquestionável convite para participar nesta orgia de prazer...

...a condessa preenche com seus dedos cada reentrância encontrada na pele suave da sua camareira, sentindo os fluídos derramarem-se ao ritmo do balanço de um corpo que arde de desejo, regresso para preencher o instante penetrando com a suavidade do início o corpo da minha condessa...

Deleite

Abrimo-nos ao mundo, janela sobre esta cama que se incendeia. Acumulam-se os espectadores em volta do palco. Todos nos olham, e todos nos sentem num turbilhão de desejos que nos acorda ainda mais, que nos esquenta a loucura desta luxúria de que somos feitos.

Derramo em ti o mel do desejo, qual óleo mágico que te escorre por entre os seios erectos, que te inunda o ventre macio e te preenche toda a vulva. Solto depois a minha língua, que se deleita absorvendo cada suco deste néctar que se mescla com o almíscar da tua própria pele, criando um elixir erógeno que dá de comer ao meu corpo.

Devoro-te, perdendo-me entre tuas pernas, saboreando cada pedaço de ti, rolando minha língua por entre teus recantos mais íntimos.

Sinto a tensão aumentar em redor da janela sobre a alcova ardente onde nos deitamos, penduram-se olhos e tentações, prontas a saltar para nossos lençóis a qualquer momento, esperamos atrevidamente, provocando-as, incitando-as... será que alguma se atreve a responder ao desafio...

Desejos...

...os corpos agitam-se, envolvem-se, dissolvem-se um no outro. O prazer espalha-se no ar como incenso ardente. Tu, sentes a minha mão percorrer-te as coxas, eu sinto os teus lábios desenharem sobre mim como um lápis de cera, derretida, que me queima a pele e me desperta todos os sentidos.

Escuto o teu primeiro gemido quando me adentro em ti, depois, deixo-te voar, qual borboleta sobre meu próprio jardim, pousando a tua boca nas partes mais erógenas. Exala teu corpo as essências do desejo, e em mim bebes o elixir do doce pecado. Solta-se o prazer em frases murmuradas.

Sente-se uma presença do outro lado da janela, provocando-nos um arrepio de prazer, alguém nos observa...

Abre-se a porta, no ar um perfume de rosas desperta-me para a sua presença. Está sentada sobre a chaise long, a um canto do quarto. O corpo semi-despido revela-lhe toda a sensualidade. Passo pela jarra e colho uma rosa branca. Aproximo-me olhando-a nos olhos, percorro-lhe os traços com a flor, afagando-lhe a pele que transparece sob as rendas.

As suas mãos, procuram-me, agarrando-se às minhas pesadas roupas. Libertam-me das amarras que me prendem, soltando cada botão. Entrego-lhe a rosa que prende nos cabelos, que lhe pendem sobre os ombros. Minhas mãos estendem-se convidando-a a acompanhar-me.

Ao centro, a cama espera-nos, pelo caminho, as mãos tocam os corpos, que se despem como por magia, no âmago, começa de mansinho a nascer um fogo que se espalha por todo o quarto...

Obras já publicadas do autor:

- Diário de Sonhos 2009
- Reflexos d'Alma 2010
- O Livro dos Pensamentos I 2011
- A Magia das Letras – Aqua 2011
- Folhas Soltas 2012
- O Livro dos Pensamentos II 2013
- Absorvência 2014
- Inflexões 2014
- Convexidade 2014

Publicações à venda em:

Diário de Sonhos:

www.bertrand.pt

Restantes títulos:

www.amazon.com

www.lulu.com/spotlight/aalmas

Todos os títulos com dedicatória do autor pedir para:

antonio.almas@gmail.com